感じる言葉 オノマトペ

小野正弘

角川選書
561

目次

本書の構成

本書は、オノマトペの意味変化を概観しながら、その例を詳しく説明したものである。配列は、五十音順になっているが、辞典ではないので、最初から読んでいくのでも、気になったところから読み始めるのでも構わない。

ある一語のオノマトペの意味変化を追うもの、何語かの関連するオノマトペを同時に扱うものと、述べかたはさまざまであるが、それぞれのオノマトペの意味変化の持つ特性を味わっていただければ幸いである。

選んだオノマトペは、全十六節・三十語程度と、そう多くはないが、現代でもよく目にし耳にするとか、キーワードになっているといった基準で選んでいる。ただし、そのような条件を満たしても、意味変化自体があまり興味を引かないものは割愛した。

また、オノマトペの使用例を、おおむね、古い意味から新しい意味へと配置しているので、実例を読み進めていけば、それが具体的にどのような用いられかたをしていて、どのように変わっていたのかが分かってこよう。一般読者にも配慮しつつ、学術的な興味にも対応できるようにしてある。

用例は、オノマトペの具体的な用法がよく分かるよう、必要と判断した分だけ引用してある。

この点は、五十音順に配列されているとはいえ、辞典とは異なるところである。辞典の用例は、スペースの関係もあって、必要最小限の箇所が引用されることが多く、それはまたそれで、職人芸的であるとも言えるわけであるが、読者としては、やはり、前後の文脈も見ながら、なぜ、そこにそのオノマトペがあるのか、といったことも知りたくなろう。本書は、そのような要望も満たそうとするものである。

本書の引用文を読んでいくと、現代にいたるまでの、さまざまな代表的作品のなかに、こんなにまでオノマトペが用いられていたのかという思いを新たにすることであろう。なお、引用文は、しかるべき全集の信頼できる本文に拠《よ》り、場合によっては原文にまでさかのぼって確認してある。表記もそれらに原則的に従っているが、読みやすさを考慮して改めたり補ったりした箇所もある。

また、近世以前の用例には、原則として現代語訳を付してある。これは、今回、すべて新たに書き起こしたものである。これまでに行なわれた古文の現代語訳を見てみると、オノマトペには、単純な言葉だと思われているせいか、無造作に、そのままのかたちで訳されてしまっていることが少なくない。たとえば、「いらいら」などという語が、古い用例でも、そのまま「いらいら」と訳されているのである。しかし、現代語の「いらいら」と、古い時代の「いらいら」は、意味合いがまったく異なる。だから、現代語訳は意味変化の段階を見極めつつ、慎重になされなければならない。

なお、誹諧の現代語訳はかなり難しいので、なくてもよいと思われる場合は付してはいない。あまり古文に慣れていないむきは、まず、現代語訳をざっと読んで場面と状況を頭に入れてから原文を読むと、古文の言葉がすっと頭に入ってくるのではないかと思う。その点、本書の訳文は、直訳を基調としながらも、場面と状況が分かるように、適宜言葉を補うなどの配慮をしている。古文の現代語訳は、ともすると、訳にはなっているけれども、一読して意味がよくつかめない、というものも見受けられる。本書の訳文が、その点を少しでも前進させていれば幸いである。

最後に、それぞれの意味変化について、概略的に、変化の状況が分かるような図を付した。これによって、意味変化の推移をざっと視覚的に理解していただければと思う。いや、むしろ、図を先に見て、全体の流れを頭に入れたうえで本文を読むという作戦もあるかもしれない。

なお、オノマトペの実例の引用は、今回は、いわゆる近代文学の時期までにとどめることにした。現代の小説などにもオノマトペは多く用いられているし、漫画などにもオノマトペは盛んに用いられている。が、今回は、オノマトペの意味変化を理解するという趣旨であるので、意味がどのように現代にまで展開してきたかということに重点をおくことにして、現代の前までの段階を詳しく見ることにした。とはいっても、今回扱うオノマトペは、現代でも用いられているものであるから、現代とのつながりは常に意識している。

オノマトペの意味は、さらに現代のなかで変化し続けているものもあって、まだまだ目が離せない。願わくは、本書をきっかけにそのような新たな展開をみずから見出していただきたいと思う。

オノマトペの意味変化——イントロダクション

オノマトペとは何か

オノマトペとは、いわゆる擬音語と擬態語の総称である。「オノマトペ」という語自体は、フランス語のonomatopéeを起源とし、近年、よく聞かれるようになった言葉である。そのもとになった言葉は、さらに古く、古代ギリシア・ラテン語にまでさかのぼるという。

擬音語とは、「ニャー」（ネコの鳴き声）、「バタン」（ドアを閉める音）のように、動物の鳴き声や、ものがたてる音を言い表わした言葉で、日本語以外にも、bowwow（犬の鳴き声、英語）、ronron（猫が喉を鳴らす音、フランス語）のように、見つけることができるものである。

擬態語とは、「どきどき」（興奮）、「ピカピカ」（光沢）のような、ある感情や状態について、そのもの自体には音がないのだけれども、その様子を、音の感覚を利用して表現したものである。たとえば、日本語のオノマトペの場合、ローマ字表記にしたとき〝k〟で始まる音は、鋭さ、明るさ、高さの感覚を表現することが多いが、それに対して、〝g〟の音は、鈍さ、暗さ、低さの感覚を表現することが多い。「かりっ」「きらきら」「きんきん」「ことっ」と「がんっ」「げらげら」「ぐらぐら」「ごりごり」などを並べてみると、そのことが実感できるだろう（念のために一言すれば、この音の持つ感覚は、あくまでもオノマトペについて言うのであって、普通の言葉には当てはまらない。「きく（聞く）」は鋭さとも明るさとも関係ない）。しかし、〝k〟や〝g〟の音が日本語オノマトペとして持つ感覚、感情は、あくまでも日本語特有の感覚である。そもそも、擬態語というものが、多くかつ組織的に存在すること自体、他の言語にはあまり見られない特徴なのである（なお、韓国語には擬態語が見られる）。

それでは、擬音語と擬態語という言いかたがあるのに、あえて「オノマトペ」という言いかたをするのはなぜか。これには、いくつか事情が考えられるが、まず挙げられるのは、「擬音語」「擬態語」という言いかたもあるが、「擬声語」という言いかたもあり、さらには「擬容語」「擬情語」などという用語を用いることもある、ということである。ひとによっては、「擬声語」を、「擬音語」と「擬態語」の総称として用いることもある（たとえば、個人的には、「ふらふら」は擬声語だと言われると、若干抵抗感がある）。つまり、用語が錯綜しているわけで、そこに「オノマトペ」という言いかたがあれば、これまで用いられていなかったぶん、余計なニュアンスがないので、総称としての使い勝手がいいわけである。

しかし、それよりも重要で本質的な理由として、擬音語と擬態語と分けてみても、そのいずれかに決しがたい場合があるということが挙げられる。たとえば、本書にも出てくるが、「白菜をざっくり切る」などという場合の、「ざっくり」は、白菜を実際に包丁で切り下ろすときに出る音（擬音語）であるとも言えそうだし、その切りかたの形容（擬態語）だとも言えそうである。もちろん、どちらかに決まる場合もあるのだけれども、そうでない場合もよくある。ということで、総称としての「オノマトペ」があったほうがなにかと便利だということなのである。

オノマトペの基本的な仕組み

次に、オノマトペの、言葉としての基本的な仕組みを確認しておこう。まず、オノマトペには、その中核となる素材がある。本書では、これを、「オノマトペの基本要素」と呼んでいる。たとえば、本書に出てくる、「ふわふわ」の「ふわ」を例にとってみよう。現代では、この「ふわ」は、「ふわっ」「ふわり」「ふわん」「ふわふわ」などというように展開することが可能である。この展開は、「っ」（促音）、「り」、「ん」（撥音）、繰り返し、などによって行なわれる。さらに、「ふわ」には、「ふうわり」のように、のばす音（長音）をあいだに入れることも可能である。またさらに、「ふんわり」のように、「ふわ」のあいだには撥音「ん」を入れることも可能である。そして、「ふわりふわり」「ふわっふわっ」「ふわんふわん」のように、一度造ったオノマトペをさらに繰り返して展開することも可能である。このとき、「ふわ」という要素が、それぞれのオノマトペの中核となって働いていることが見てとれよう。というわけで、この要素を「オノマトペの基本要素」と呼ぶわけである。

この基本要素をさまざまに活用する要素があって、それらが、さらに細かなニュアンスを付加していく。そのニュアンスの代表的なものを整理すると、次のようになる。

一、「っ」(促音)　非常に瞬間的な区切り目が付く。

二、「り」　一連の動作や状況をひとまとまりのものとしてある。

三、「ん」(撥音)　音や動作・状況がとりあえず終わりはするが、その結果や余韻が残る。

四、繰り返し　同じ状態が長く続く、同じ出来事が何度も繰り返される。

つまり、現代で、「ふわっ」と言えば、ものが浮き上がる瞬間を描写し、「ふわり」と言えば、ものが浮き上がりかけてから実際に浮き上がって安定するまでを、ひとまとまりのものとして描写し、「ふわん」と言えば、ものが浮き上がって、なにかまだ揺れ動いているような様子を描写し、「ふわふわ」と言えば、ものが浮いてただよい続けている様子を描写するわけである。さらに、これらの付加要素を組み合わせて、「ばた」→「ばったり」、「ぱち」→「ぱっちん」というようなオノマトペも造ることができる。

そして、さらには、オノマトペの基本要素に、「つく」や「めく」を付加して、「むかつく」や、「きらめく」のような動詞を造ることもできる。

日本語にはオノマトペが多いとよく言われるが、このようなオノマトペを組織的に増殖するシステムがあることがそれを可能にしているのである。

オノマトペの歴史

オノマトペの歴史を述べる前に、時代区分について述べておきたい。本書の時代区分の呼びかたと、その範囲は、次の通りである。

上代　七一〇～　七九三年
中古　七九四～一一八四年
中世　一一八五～一六〇二年
近世　一六〇三～一八六七年
近代　一八六八～一九四五年
現代　一九四五年～

耳慣れない呼びかたもあるかと思われるが、政治史的には、大体、上代―奈良時代、中古―平安時代（院政期含む）、中世―鎌倉・室町・安土桃山時代、近世―江戸時代、近代―明治・大正・昭和（二〇年まで）時代、に当たる。それではなぜ、対応する時代区分名を用いないかというと、それは、室町時代が一五七三年に終わって、一六〇三年に江戸時代が始まるまでの時期を適切に言い表わす名称が難しいという理由による。あくまでも、便宜的なものなのではあるが、切れ目なく時代を言い表わすことができるという利点もあるので、以下、この名称を用いたい。

さて、オノマトペは、上代から用いられている。いや、正確には、上代にはすでに用いられていたと言うべきか。上代以前は、文献にとぼしく、オノマトペの例を見つけられないのであるが、上代になったのでオノマトペが用いられるようになった、とは考えがたい。最古のオノマトペは、『古事記』（七一二年）に見ることができる。

○是《ここ》に、天つ神 諸《かみもろもろ》の命 以《みこともち》て、伊邪那岐命《いざなきのみこと》・伊邪那美命《いざなみのみこと》の二柱の神に詔《のりたま》はく、「是のただよへる国を、修理《つくろ》ひ固め成せ」とのりたまひ、天《あめ》の沼矛《ぬほこ》を賜ひて言依《ことよ》し賜ひき。故《かれ》、二柱の神、天《あめ》の浮橋に立たして、其《そ》の沼矛を指《さ》し下《おろ》して画《か》きしかば、塩**こをろこをろ**に画き鳴《な》して、引き上げし時に、其の矛の末より垂《しただ》り落ちし塩は、累《かさな》り積りて島と成りき。是《これ》、淤能《おの》碁呂《ごろ》島ぞ。（巻上）

これは、天の神々の言いつけで、イザナキ・イザナミの二神が、ただよっていた、すなわち不安定な状態のクニをアメノヌホコでかき回したという場面である。そのとき、潮を「こをろこをろ」とかき鳴らしたあと、アメノヌホコを引き上げると、そこから潮がしたたり落ちてつみかさなり、島となった。これが、オノゴロジマである、というのである。

この「こをろこをろ」は、いまの「からから」に当たるオノマトペ（擬音語）であるとされる〈新編　日本古典文学全集の頭注による〉。このほか、『古事記』には、〈足がひどくくたびれて弱った様子〉を表わした「たぎたぎし」というオノマトペ（擬態語）もある。本書では、のちに、「いらいらし」という中世の形容詞を見ることになるが、オノマトペの形容詞も、すでに上代からあるわけである。

また、『万葉集』（七五〇年頃）にも、オノマトペは見出せる。

○風雑《まじ》へ　雨降る夜《よ》の　雨雑へ　雪降る夜は　術《すべ》もなく　寒くしあれば　堅塩《かたしほ》を　取りつづしろひ　糟湯酒《かすゆざけ》　うち啜《すす》ろひて　咳《しはぶ》かひ　鼻**びしびし**に　しかとあらぬ　鬚《ひげ》かき撫《な》でて

（巻五・八九二）

これは、有名な山上憶良《やまのうえのおくら》の「貧窮問答歌」の一節である。歌中の「びしびし」は、風邪をひいて、鼻水をすするオノマトペ（擬音語）であるとされる。現代ならば、「ずるずる」に当たるようなものであろうか。そして、もうひとつ注目すべきは、この「びしびし」が、濁音で始まっていることである。これも、のちに本書で見ていくが、濁音で始まるオノマトペは、清音で始まるオノマトペに対して、一般に、重さ、強さ、不快さ、低さといったものを表現する。この「びしびし」も、実際の音を擬したものではあろうが、濁音始まりのオノマトペの特性がすでに表われていると言える。

以上、上代にもオノマトペがすでにあったことは間違いないのだが、残念なことに、オノマトペの意味変化を論じられるような上代の例はなかなか見当たらない。つまり、「こをろこをろ」にしても、「たぎたぎし」にしても、「びしびし」にしても、次の時代にまで引き継がれて、しかも、意味変化をしているというものではないのである（なお、「たぎたぎし」は、「たぐたぐ」という形で、飛驒方言などに残っているようである）。

そのようなわけで、オノマトペの意味変化は、事実上、中古以降のオノマトペに限定せざるを得ない。とはいえ、中古からオノマトペの意味変化を見ても、十分興味深いものとなっているということは、強調しておきたい。

オノマトペの意味変化

オノマトペの意味変化の実例は、以下で見ていくことになるが、ここでは、それらを少し先取りするかたちで意味変化のパターンを整理しておきたい。そのほうが、読み進めていくときのガイドともなろう。

まず言っておきたいのは、オノマトペの意味変化は、実に興味深いものだということである。一般的な語の意味変化と比べても遜色がない。なんとなく、オノマトペは直観的で単純な言葉なので、そう大きな変化はないのではないかと思われそうであるが、そんなことはない。

現代以前のオノマトペの意味をどう解釈するかは、思った以上に難しい。オノマトペの意味変化の状況と、その傾向を見据えたうえで、どのような意味が発揮されているのかを慎重に見通す必要がある。意味が大きく変わっているように見えて、その実、根本的な意味は変動していないと思われるような場合もある。たとえば、「めろめろ」は、その対象が〈塗り物〉〈涙〉〈火〉〈陽炎《かげろう》〉というように変動しているが、中心的な意味である《歯止めがきかず（際限なく）、なめらかな流動性を持つ様子》という線は変動していないように思われる。オノマトペの意味変化を追求していくと、そういったさまざまな特性が見出せるのである。

以下、オノマトペについて、気づいたいくつかの意味変化上の特性について述べる。

まず、**当初は、オノマトペとして生み出されたものではないものが、オノマトペのようになっていく**という意味変化が認められる。たとえば、「いらいら」「ほのぼの」などがその例である。もともとは、「いら」という名詞であったり、単語を構成する要素としての「ほの」であったりしたものが、オノマトペとしての特性を獲得していく。「いらいら」の場合は、その状態が感覚的に抽象化されるというような事情が考えられ、「ほのぼの」の場合は、その実態（湯気や色）といったものが抽象化されるということが考えられる。

また、この背景として、オノマトペの基本要素となったもの自体が、忘れられたり希薄化したということも考えられる。「いら」という名詞は、現代では耳慣れないものだし、「ほのか」や「ほの暗い」からこの構成要素である「ほの」を切り出し、それを組み合わせるといったことは、あまりなされないことであろう。また、一方で、それぞれの音としての感覚・イメージが、オノマトぺらしく感じられるということもあろう。「いらいら」「ほのぼの」の例で言えば、「いら」の「い」が、「いがいが」の「い」などとも重なり合って、なにか尖《とが》ったイメージに感じられたり、「ほの」の「ほ」や「の」が、「ほかほか」「のんびり」などのように、温かかったり、ゆっくりしているというイメージと重なるという状況も考えられる。

次に、**擬音語から擬態語への推移**というパターンも観察される。擬音語は、具体的な音声が背後にあるものであるが、それが擬態語へと移ることにともなって、もとの音声が持っていた情感や感覚を受け継ぎ、抽象化した意味となる。たとえば、「からから　がらがら」「かんかん　がん　があん」「きりきり　ぎりぎり」「はたはた　ばたばた　ぱたぱた」などがその例である。また、その逆という場合もあり、「さくさく」などは、はじめは擬態語であったものが、のちに擬音語として用いられるようになった。この擬音語と擬態語の交渉は、オノマトぺの意味変化の大きな特徴とみてよいだろう。具体的なことがらをもとに、その特性を抽象化して意味変化するというパターンは、一般的な語の意味変化にもよく観察されるものである。

次に、**オノマトぺの中心的な意味は変化しないままに、その対象が移っていく**という場合がある。たとえば、「どきどき」「めろめろ」がその例である。「どきどき」は、《胸の鼓動が激しくなる様子》という中心的な意味は変わらず、その対象が、〈恋の思い〉〈不安〉〈気がかり〉〈ためらい〉〈欲望〉〈圧倒感〉などのように変わっていく。また、さきに述べたように、「めろめろ」も、《歯止めがききかず（際限なく）、なめらかな流動性を持つ様子》という中心的意味が変わらないままに、対象が〈塗り物〉〈涙〉〈火〉〈陽炎〉と変わっていく。これらは、たとえば、「くるま」という語が、《軸の両端に車輪を付けて自由に道を走り回れるようにした乗り物》という基本線は変わらないままに、〈牛車〉〈人力車〉〈自動車〉のように対象が移り変わったものと類似している。

次に、**意味が限定される**という場合がある。たとえば、「ぞっ」は、〈身がすくむような感覚を生じる様子〉を表わすが、その原因となるものは、元来、〈恐怖〉〈寒さ〉〈美しさ〈への感動〉〉といったものであった。これが、〈恐怖〉に限定されていくという過程をたどったものが、「ぞっと」の意味変化である。また、「うっかり」も、これと同じく、中心的な意味である《心、ここにあらずの様子》という中心的意味は変わらないまま、〈なにかかに心を奪われている様子〉と〈注意が行き届かない様子〉のうちの、〈なにかかに心を奪われている様子〉が消滅した。「よよ」も、中心的な意味である《液体がとめどなく流れ落ちる様子》のなかで〈よだれ〉の意味が失われた。これと、前述した、中心的な意味は変わらないままに、その対象が移っていく変化との違いは、対象の数が減っていくか、別のものに置き換わっていくかの違いなので、本質的には同じものと考えることができる。

次に、評価の側面で、**プラスの意味からマイナスの意味になったり、マイナスの意味からプラスの意味になる**というパターンがある。たとえば、「のたり　のたのた　のろのろ　のろい」などは、当初はそれほどではなかったものが、次第にマイナスの意味へと変わっていった。また、「ふわふわ」は、当初マイナスの意味合いだったものが、プラスに転じた。このことには、その時代の価値観が関わるかもしれない。たとえば、ゆっくりしていることをよしとしない風潮が広がれば、「のろのろ」のイメージはマイナスになるであろう。似たようなものとして、「あぶらぎる」という語の評価が思い起こされる。「あぶらぎった男」というのは、現代では、やたらにエネルギーが有り余って目ざわりでさえある存在であるが、近世においては、そんなことはなく、肌のつるりとしたいい男を意味していた。これもまた、時代の価値観が移ったために起こった評価の変化である。

なお、意味の記述をする際には、〈 〉と《 》を用いて、各用例の個別的な意味記述には〈 〉を、それらを統合した意味記述には《 》を用いて区別した。

第一節　いらいら――トゲのちくちく感から心の不快感へ

「いらいら」の「いら」

現代語で「いらいら」は、〈心が持続的に落ち着かず不快な様子〉を意味するオノマトペとして用いられている。「いらいら」には、通常、そうなるための、なにか外在的な原因がある。たとえば、「急いでいるのに、ぐずぐずしているので、いらいらした」のように、なにか、自分の気持を細かく刺激するものがあり、そのせいで、気持が落ち着かないのである。かといって、それについて正面から怒りをあらわにするまでもない、といった微妙な感覚もあるように思われる。この場合、「ぐずぐずするな」と怒ることができるのであれば、すっきりするのだが、ことを荒立てたくない。できれば、本人が気づいてほしいのだが、そんなそぶりも見せない、などといった条件があって、「いらいら」が生じるのである。また、現代の「いらいら」には、なにかこれといった理由もないのに気が落ち着かないという場合もあって複雑である。

「いらいら」は、まさに現代を映すオノマトペのひとつといえよう。

さて、この「いらいら」の「いら」は何かというと、実は、古くは、〈トゲ〉を意味する普通の名詞であった。現在、「いら」という名詞は普通には使われない。が、「蕁麻《いらくさ》」という言葉のなかに化石のように残っている。そして、その草には、葉と茎に、さわるとちくちくする細かいトゲが生えている。つまり、そのような〈トゲ〉が生えている草だから、「いら・くさ」なのである。

単独の「いら」の例としては、次のようなものが挙げられる。

○苛　玉篇云――〈音何　**以良**〉小草生刺也

（『和名類聚抄』、九三四年頃）

『和名類聚抄』は、平安時代初期、源　順《みなもとのしたごう》によって編まれた、現存最古の百科辞典である。これによれば、「苛」という言葉は、中国の古辞書『玉篇《ごくへん》』に載っているが、音は「カ」であることと、それが和名では「以良《いら》」という言葉に当たることを万葉仮名を用いて説明してある。括弧でくってある部分は、原典では二行書き（「割り書き」ともいう）になっている。さらにその次の、「小草生刺也」は、『玉篇』の説明を引用したもので、「小さな草で、トゲが生えている」という意味である。

ただ、「いら」は、辞書には他にも例があるが、『源氏物語』のような文学作品には例が見当たらず、すでに古い言葉になっていたのかもしれない。

初期の「いらいら」

「いら」はかなり古い例が確認できたのだが、「いら」を重ねた「いらいら」の例は、中世からのものしか知られていない。

○問　海ニスム　エビ如何　答　エヒハ海老トカケリ　イテハリノ反　エヒハ　**イラ〱**ト
シテ　ツノ、アリテ　手ヲツケバ　出針ノ反ナリ　（『名語記』五・エビ、一二七五年）

『名語記《みょうごき》』は、中世の語源辞書で、問を受けてそれに答えるというかたち（問答体）で記されている。問は、「海に住む　エビはどういう語源か」と尋ねたのに対して、「エビは海老と書く」と、まず漢字表記を説明し、「イデバリの反」が語源だと説明する。「反（はん・かえし）」とは、もともとは、中国で編みだされた、漢字の発音を子音と韻の組み合わせで説明する方法である。たとえば、「東」は「徳紅の反」などとされる。すなわち、「徳 tok」の子音 t と「紅 hong」の韻 ong をつなぐと「東」の発音 tong が求められるという仕組みである。

　この方式を応用して、「エビ」の「エ」は「イデ」から、「ビ」は「バリ」からできたとするわけである。すなわち、**i de / ba ri** で ie bi となるわけであり、また、このことから、「エビ」は「イェビ」のような発音であったことも知られる。

「イデバリ」とは、漢字を宛てると「出針」となることが、あとの説明から分かる。この「針」とは、とげとげしたものという意味合いで用いられているのであろう。本当は、あとにも出ている「ツノ」のような語を使いたかったのかもしれないが、「ツノ tuno」だと、その反は、「ト」となって「ビ」にはならなくなるので見送られた可能性もあろう。甲羅からとげとげしたものが出ているから、その「イデバリ」から「エビ」という語ができた、という説明である。もちろん、この語源説明は、言うまでもなく、こじつけの域を出ないものだし、「ハリ」としたいところを「バリ」としないと、「エビ」の「ビ」が出てこないなど、無理なところも目立つ。ただ、それでも、手持ちの語を使って、言葉が生み出された由来を説明しようとしているところは、興味深い。

そして、その「イデバリ」の様子を描写したオノマトペが、「いらいら」なのである。これは、〈とげのようなものが多くある様子〉とでも言うべき意味である。これは、視覚にうったえるような状況を述べていて、現代語のような心理的な状況を述べているのではないことが注目される。

「いらいらし」という形容詞

中世には「いら」を重ねて形容詞にした「いらいらし」という語も用いられていた。

○かかるにつけても、「三界唯一心なり、心の外に別の法なかりけり」とおぼゆ。楽天、また文殊の化身なれば、いかが信ぜざらむ。ただし、いまだ来らざらむ報を、**いらいらしく**ねがひ求めて、聞きいでごとなどすべからず。よろづにつけて、よく思ひはかりをめぐらすべきなり。

（『十訓抄』中・七の序、一二五二年）

こうしたことにつけても、『華厳経』にいう、「すべての世界は心ひとつのうちに存在し、心の外には他の物象は存在しない」と理解できる。白楽天も、また文殊菩薩の化身なのであるから、「禍福は天の仕業であるという詩の内容を」どうして信じないことがあろうか。とはいえ、まだやって来ないなにかの応報を、うるさいくらいに願い求めて、尋ねごとなどをしてはならない。あらゆることに、十分思慮をめぐらすべきである。

この「いらいらし」という形容詞の意味については、類例の、「とげ」と「とげとげしい」の関係が参考になる。すなわち、現代で「とげとげしい」と言えば、〈とげが一面にいっぱい出ている様子〉というような意味ではなく、もっと心理的で抽象的な〈冷たく、強く責めるような態度をとる様子〉というような意味合いになる。したがって、引用した『十訓抄』の例も、そのようなものとして考えるのがよいと思われるが、ただ、これを現代と同じく、〈心理的に満たされない状態が続いて不快な様子〉のように解釈するのはためらわれる。というのも、この箇所は、「報を、いらいらしく求める」というような関係になっていて、善因の報いを〈いらいらとしながら〉求めるというのは、やはりおかしいからである。ここは、求める様子が「いらいらしい」つまり、〈うるさく突っつくかのように〉と解しておくのが、のちの意味変化の展開とも整合して、妥当であると思われる。

「いらいら」の展開

視覚的に〈とげのようなものが多くある様子〉という意味を表わしていた「いらいら」は、その次には、〈とげのような感覚を身体に感じる様子〉という意味へと変わる。たとえば、次のようなものである。

○三重酒とは酒をせんじて、そのいきのしづくをうけためて、それを又せんじて返し〳〵三度したる酒也と云々。鎮西にて我等も此酒をかうらいより送《をくり》たりしを、のみたりし也。一盃のめば、七日ゑふと云々。露ばかりなめたりしも、気にあがりて侍りき。香は能《よき》酒にて、味はさしてなかりし也。舌に**いら〳〵**とおぼえし計《ばかり》也。（『言塵集』六・酒、一四〇六年）

三重酒とは酒を沸かして、その蒸気の雫を受けて溜め、それをまた沸かして、繰り返し三度行なった酒であるという。鎮西（九州）で私たちもこの酒を、高麗から届いたものを飲んだのである。一杯飲むと七日酔うという。ちょっとだけなめても、酔って頭がぼうっとしてしまいました。香りはよい酒であり、味はあまりしなかった。舌にとげとげと刺すように感じただけである。

これは、「三重酒」について説明したものであるが、この酒は、全体的な記述からは、焼酎のような蒸留酒であることが推測される。度数が強く、ちょっとなめただけでも、頭がぼうっとするほどであり、味はあまりしないが、舌に刺すような刺激がある、というのである。まさに、蒸留酒と特徴が一致する。

その際に、舌に「いらいら」とした感覚を生むというところが注目される。酒にはトゲがないけれども、まるでトゲで刺されるような感覚があるというのである。今で言えば、「ちくちく」のようなものであろうか。前述の、〈とげのようなものが多くある様子〉というのは視覚的な感覚であったけれども、こちらは触覚的な感覚になっている。

「いらいら」で、トゲが刺すような感覚を表わすことは、近代になってからも、少しはあったようで、次のような例を見ることができる。

○この人はねえ、チョコレートのそこぬけなんですよ。

先にねえ、『海の夫人』だか何だったかの時に喰べたのたべないのって――そのあげくが喉は**いらいら**する夜は眠られないって夜中の二時頃わざわざ手紙なんか書いて私の所へよこしたんですよ。

（宮本百合子『千世子』（三）、一九一四年頃）

○此覇王樹《さぼてん》も時と場合によれば、余の魂を動かして、見るや否や山を追い下げたであらう。刺《とげ》に手を触れて見ると、**いら〳〵**と指をさす。

（夏目漱石『草枕』十二、一九〇六年）

『草枕』の例は、トゲが指を刺すと「いらいら」するというのであるから、伝統的な意味を伝えている。『千世子』の例は、喉が「いらいら」するというのであるが、喉が乾燥してトゲで刺されるような感覚がする（から、チョコレートがほしい）ということであろう。現代ならば、「ちくちく」とか「ひりひり」というところであろうか。

心理的な「いらいら」

さて、近世にまた戻って、「いらいら」の例を探してみると、次のようなものがあることに気づく。

○**いら〳〵**と暑いに見やれ雲が出た　路通

（『きれぎれ』、一七〇一年）

○昼がほや日のいら〳〵と薄赤き　（『しら雄句集』二・夏・五〇六、一七九三年）

前の句は、芭蕉門下の路通《ろつう》の句で、「いらいら」とする暑さのなかで、ふと見やると雲が現われたというのである。夕立でも感じさせる雲なのであろうか。一降りあれば助かる。また、後の句は、昼顔に日射しが「いらいら」と照りつけて、薄赤くなっている様子を詠んだものである。

これらの「いらいら」をどう考えるべきであろうか。暑くて「いらいら」するといえば、現代とそう変わらない感覚であろう。暑さのためなにか不快で、気が落ち着かないというのである。しかし、それだけではなさそうである。

中世の「いらいら」は、トゲ（のようなもの）が、皮膚を刺激することを意味していた。これらの例も、それとつながるのではないだろうか。つまり、暑気が人や花を刺すように襲うという様子を表わしたのが、「いらいら」なのではないだろうか。昼顔はピンク系の色であるから、暑気あたりでもして、上気したのか、という見立てなのかもしれない。

すなわち、熱気や日光が、人や花を細かく刺激するさまが、「いらいら」なので、この「いらいら」は、同時に、人の心も刺激していると言える。単なる客観的な情景描写ではなく、その刺激によって、自分もやりきれない思いを抱いているわけである。

光線による刺激を、「いらいら」と表わすのは、近代の文学作品にも見られる。

○翌日《あくるひ》は又燬《や》け付く様に日が高く出た。外は猛烈な光で一面に**いら〳〵**し始めた。代助は我慢して八時過に漸《やうや》く起きた。起きるや否や眼がぐらついた。平生の如く水を浴びて、書斎へ這入つて凝《じつ》と竦《すく》んだ。

（夏目漱石『それから』十七、一九〇九年）

○白壁にあたる温暖《あたゝか》い日は彼の眼に映つた。その**焦々**《いら〳〵》と萌《も》え立つやうな光の中には、折角彼の始めた長い仕事が思はしく果取《はかど》らないといふモドカシさが有つた。

（島崎藤村『家』下・五、一九一一年）

『それから』の例のほうは、光線の客観的な強烈さを描写するほうに重点が置かれているようである。一方、『家』の例は、「モドカシさ」などという言葉が後に出てくるように、心理的に気があせってやりきれない、という感覚が出ている。

さて、近世には、次のような例もある。

○初対面の席法、品〳〵あり。先《まづ》内々いひより懇望して、兼日より約束の日をさだめて来る客は、是真実の道理にして、奸曲なし。感悦せずんば有べからず。かゝる客には心得ある事也。心得といふは、さあればとて、**いら〳〵**とまはる物にはあらず、うはべことばずくなにして、とりまはししとやかなるよし、心底はうき〳〵ともてなし、こゝろをかさぬさまををのづからあらはすべし。

（『色道大鏡』四、一六七八年）

［客と傾城《けいせい》の］初対面の席の方法は、いろいろとある。まず、内々に言い寄ってきて、自分のことを切望して、あらかじめ会う約束の日を決めて来る客は本物である道理であり、よこしまな気持はない。とても喜ぶべきである。このような客に対しては、心得ておくべきことがある。心得というのはどういうことかというと、そんなふうに好意を見せてくれるからといって、気に障るまで世話をするものではなく、うわべでは言葉を少なくして、立ち居振る舞いはしとやかに、しかし、心の底でははずむような気分で世話をし、相手の気持に入り込まないという様子を自然に表わさなければならない。

この例は微妙である。これは、実意のある客に対して、傾城（遊女）が、どのような態度を取るべきかを説いたものなのであるが、嬉しさのあまり、こまごまとうるさいぐらいに構うものではない、と述べている。「いらいらとまはる」の「まはる（回る）」とは、遊里で、遊女が客に尽くすことを言う。ここの「いらいら」は、そのように、外から心をうるさく刺激する様子を表わしているのであり、客が「いらいら」するほど、という意味ではなさそうである。

このような過程を経て、「いらいら」は、なにか外的な刺激によって（その刺激はなにかこまごまとしたものである）心が落ち着かず不快なさまを表わすようになる。

○イラ〳〵セズニ　心しづかに
キガセイテ 心いられに 心いられする／キガ**イラ〳〵**スル 同上むねはしる 心はしる
（『詞葉新雅』い部／き部、一七九二年）

また、それと連動するように、「いらつく」「いらつ」「いらち」「いらだつ」のような派生語も盛んに用いられるようになる。

近代以降は、ときに前述したような、古い時代の〈トゲのようなものが多くある様子〉〈光などが強く刺激する様子〉を表わす例が一部に残っているものの、大半は心情的な意味を表わす「いらいら」になっていく。

○宇平が此性質には、叔父も文吉も慣れてゐたが、今の様子はそれとも変つて来てゐるのである。朝夕《てうせき》平穏な時がなくなつて、始終興奮してゐる。**苛々**《いら〳〵》したやうな起居《たちゐ》振舞《ふるまひ》をする。それにいつものやうな発揚の状態になつて、饒舌《おしやべり》をすることは絶えて無い。寧《むしろ》沈黙勝だと云つても好い。只興奮してゐるために、瑣《さ》細《さい》な事にも腹を立てる。又何事もないと、わざわざ人を挑《いど》んで詞尻《ことばじり》を取つて、怒《いかり》の動機を作る。さて怒が生じたところで、それをあらはに発動させずに、口小言を言つて拗《す》ねてゐる。
（森鷗外「護持院原の敵討」、一九一三年）

○その次に車の止まつたのは、切崩した山を背負つてゐる、藁屋根の茶店の前だつた。二人の土工はその店へはひると、乳呑児《ちのみご》をおぶつた上《かみ》さんを相手に、悠々と茶などを飲み始めた。良平は独り**いらいら**しながら、トロツコのまはりをまはつて見た。トロツコには頑丈な車台の板に、跳《はね》かへつた泥が乾いてゐた。
（芥川龍之介「トロッコ」、一九二二年）

「護持院原の敵討」の例は、「いらいら」を見事に描写している。「始終興奮している」とは、「いらいら」が継続性を持っていることを表わし、「沈黙勝」で「怒が生じたところで、それをあらはに発動させずに」というのは、大きなアクションをともなわないという特質を表わしている。「瑣細な事にも腹を立てる」というのは、その原因がこまごまとしたことであることを表わしている。この場合、気に掛かることが絶えず心を刺激し続けている。それは「トロッコ」の例でも同じであり、良平は、のんびりとしている土工たちの態度が心を刺激し続けて、平穏な気持でいられないのである。

以上の意味変化をまとめると、次のような図になる。

「いら」〈とげ〉

→ **「いらいらし」**〈うるさいくらいに突っつく様子〉

→ **「いらいら」**

〈とげ状のものが多くある様子〉　**中世**

←〈とげに似た感覚を体で感じる様子〉

←〈熱気や日光による刺激をうるさいくらいに感じる様子〉　**近世**

←〈なにかの刺激や気に掛かることによって平穏な気持でいられない様子〉

つまり、「いら」の〈とげ〉という意味をうけついだ「いらいら」は、当初それが前面に出た〈とげ状のものが多くある様子〉を意味していたが、必ずしも、〈とげ〉そのものでなくとも〈とげに似た感覚〉であれば使えるようになり、さらにそれは、〈熱気や日光〉のようなものでも使えるようになった。そして、心がなんらかの刺激を受けて平穏でいられないという感

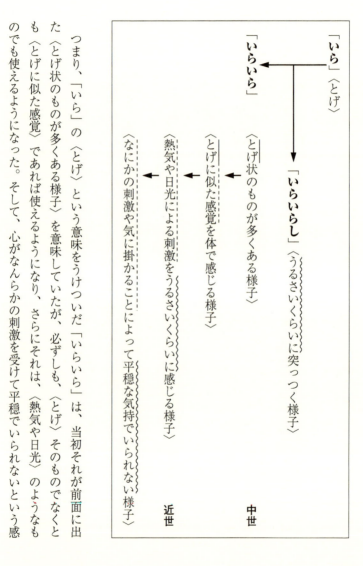

覚を表わすようになる。この感覚は、それまでにもあった「いらいらし」と共通するものであった。この〈うるさいほど気に掛かって平穏な気持でいられない様子〉という感情が前面に出たものが、現代語の「いらいら」ということになる。

第二節　うか　うっかり――心、ここにあらず

「うっかり」の成り立ち

現代語における「うっかり」は、〈本来ならば気づいていたり、覚えていたりしなければならないものごとを、注意が行き届かずに、気づかなかったり失念していたりする様子〉を意味し、「うっかり切手を貼らずに手紙をポストに入れた」とか、「今日、町内会の会議があることを、うっかりしていた」のように用いられる。〈単なる不注意〉であり、たとえば、「子供にうっかりしていて、鍋を煮こぼしてしまった」というような、なにかに気を取られていたというような使いかたはできない。また、「うっかり」は、その結果なにか失敗したり、不都合なことが起こるのであり、「うっかり十万円の宝くじに当たってしまった」とは言わない。

この「うっかり」の言葉としての成り立ちは、「うか」というオノマトペの基本要素に、促音の「っ」を入れ、「り」を後ろに加えたものである。類例として、「どか」から「どっかり」、

「べと」から「べっとり」、「ほこ」から「ほっこり」というようなものを思い浮かべることができる。

この「うか」は、他に「うかうかと」という語の基本要素としても用いられる。「うかうか」は、「うかうかと大魚を逸した」のように使われ、やはり、〈きちんと対策や注意をしなかったばかりに〉のようなニュアンスを伴って用いられる。前述の、「どか」「べと」「ほこ」にも、「どかどか」「べとべと」「ほこほこ」のような用法があるということを考えれば、これらのオノマトペには、なにか集団としての類似性があるように思われる。

「うっかり」のもとになった「うか」は、現代では、前に述べた「うかうかと」のなかの一部として使われるにすぎないが、さかのぼると、「うかと」という言いかたがあって、実際に用いられていたことが分かる。

○子路拱而立　子路辞ナウシテ**ウカ**ト立テ居タリ。拱トハ、木ナドヲ束ル如ク手ヲカサヌルヲ云。
（『応永二十七年本論語抄』微子第十八、一四二〇年）

子路、拱《こまね》きて立つ　子路は、言葉を発することなく、呆然《ぼうぜん》として立っていた。拱とは、木などを束ねるように手を重ねることを言う。

『論語抄』とは、中世に論語を講義した記録であり、この場面は、孔子の弟子の子路が、お供をしていたときに孔子を見失ってしまい、道で出会った老人に先生を見かけませんでしたかと尋ねると、「お前の師は、手足を使った労働もせず、五穀の見わけもつかない男だ」というように評されたので、ただ手を前に重ねて立ち尽くしていた、というところである。原文は、「拱而立」とあるが、「拱」とは古代中国の礼法で敬意の念を表わす動作であるから、子路は、その言葉に単なる悪口以上のものを感じとったという文脈になる。はたして、子路が孔子に追いついて、その話をすると、孔子は、そのひとは隠士であろうから、探してくるようにと、命じられるのである。というわけで、ここの「うかと」というのは、〈あっけにとられて、呆然として〉というような意味なのだが、まさに、なにか心を奪われるようなことがあって、「辞（ことば）」を失っているのである。

○其当座はかなしき皃《かほ》つきして、木綿きる物にて通りしが、はや此さむさわすれて、風をいとはぬかさね小袖「雨ふつて地かたまる」と、長柄《ながえ》のさしかけ傘に竹づえのもつたいらしく、むらさきのづきんして、「小判は売しゆんか」と相場聞くなど、さながら、のけがねのやうに思はれける。さてもおそろしの世や、**うかと**かし銀ならず、仲人まかせに娘もやられず。念を入れてさへそん銀おほし。（井原西鶴『日本永代蔵』六・四、一六八八年）

〔分散＝破産の〕その当座は哀れな顔つきをして、〔絹ではなく〕木綿を着物にして過ごしたけれども、早くもその寒さを忘れて、風を苦にせずに済む重ね小袖を着て、「雨降って地固まる」などとうそぶき、柄の長い日傘をさしかけ、竹杖をついて気取ったふうで、紫縮《むらさきぢり》緬《めん》の置頭《おきず》巾《きん》をかぶって、「小判は、売り時か」と相場を尋ねるなど、まるで、分散の際に隠匿していた金があるように思われる。さてさて恐ろしい世の中である。〔こんなふうに、貸した金を、うまいこと利用されるのでは〕うかうかと金を貸すことはできず、〔縁談も〕仲人任せにして娘を嫁がせるわけにはいかない。十分注意を払っても、損になる金は多い。

この例も、〈行き届いた注意や配慮なしに〉のような意味合いで用いられていて、現代語で言えば、「うっかり」よりも「うかうかと」の意味に近い。

今とは違う「うっかり」

さて、いよいよ、「うっかり」の例を見てみようと思うが、「うっかり」の早い例を見てみると、今とはずいぶんニュアンスが異なることが分かる。

○Vccarito　ウッカリト（うつかりと）副詞。注意もしないで、ぼんやりしているさま。

¶Vccarito xita mono.（うつかりとした者）うつけたようになっている者、または、何事かに心を奪われている者。

（『日葡辞書』、一六〇三〜〇四年）

『日葡辞書』は、キリシタン資料と呼ばれる、十六世紀半ばから日本にやってきたキリスト教の宣教師たちが作成した語学資料のひとつであり、日本語を当時のポルトガル語で訳した、極めて貴重な辞書である（訳文は『邦訳日葡辞書』に拠る）。これを見ると、「うっかり」とは、〈呆然としている〉とともに、〈なにかに心を奪われている様子〉を表わしているとされる。それは、実際の例でも裏付けられる。

○［女房は、女郎を］手あはしてをがむやら、泣くやらをどりもてかへりつゝ、伏したる久五郎が枕によりて、件《くだん》のしなをかたりて、奉書につゝみしものをさし出せば、「是は〳〵」とまづ一包をひらけば、小判十五両あり。夫婦あきれて、しばしものもいはず。漸《やうやう》ありて久五郎、「さりとはやさしき御心入。御かほばせと申しなさけの色。末の代にはまたとあるまい御女郎」と、手水つかうて西にむかひ、光明真言となへしも尤なり。女房はうれしなみだの下よりも、「是なう、**うつかり**としてゐる所でなし」。

（『好色敗毒散』五・三、一七〇三年）

手を合わせて拝むやら泣くやらして、小躍りしながら帰宅し、横になっている久五郎の枕元に寄って、これまでの事情を説明して、奉書に包んだものを差し出し、「これはまたどうしたことか」と、まずその一包みをあけると、小判が十五両ある。

夫婦は呆然として、しばらくものも言わない。やっとのことで、久五郎は「これはまた情趣のよくわかったお心遣いだ。お顔といい、気持といい、美しいことだ。今のような末世にはまたとない御女郎だ」と、手水を使って手を清め、西方に向かって光明真言の経文を唱えたのも無理もない。女房はうれし涙を流しつつも、「これ、ねえ、気を奪われている場合ではない」。


この例は、ひょんなことから女郎に一目惚《ひとめぼ》れして、恋わずらいで寝込んでしまった夫、久五郎のことを思いあまった女房がその女郎のところへ行き、一目会ってほしいと懇願したのに対して、普通だったら嫉妬するところを、そこまで深く夫のことを思っているのかと感動した女郎が、久五郎へと包みをこと付ける。にべもなく断られるかと覚悟していた女房は、うれし泣きをしながら、寝込んだ久五郎のもとへ、その包みを持って帰って差し出すという場面である。

現代ではまず考えられない状況だし、当時としても異例のことであったろう。しかし、これまで、つゆほども、そんなことのなかった夫が、恋わずらいで呆《ほう》けたようになって寝込むなどとは、よくよくのことだと女房は考え、それほどならば、せっかくの思いを叶えてやりたいと、一大決心をして、女郎のもとへとやってきたのであった。

こと付かった包みを開けると、小判十五両という大金が入っている。あまりにも驚き呆れて、ふたりはものも言えない。久五郎は、これも仏のご加護だと経文を唱えはじめる。それに対して、女房は、久五郎に、「うっかり」しているときではない、と諭すのである。

しかし、現代の感覚だと、ここに「うっかり」を使うのは、違和感がある。目の前の大金と、それを贈ってくれた女郎の心意気に気を奪われている場合ではない、これを使って、女郎に会いに行く支度をしなければならないと続くのだから、むしろ、「ぼおっと」とか「うっとり」に当たる。だから、この「うっかり」はまさに、さきに『日葡辞書』の意味記述にあった〈なにかに心を奪われている様子〉を表わすものである。

以上、「うっかり」の〈なにかに心を奪われて、本来行なうべきことを忘却している様子〉を表わす意味が確認できた。

同様の「うっかり」は、近世の後期にも見られる。

○主「よね八なぜ泣《なく》　よね「それだツても　主「それだつてもどふした　よね「おまはんマアなぜこんなにはかねへ身のうへにならしつたらふねへ　トおとこのかたにとりすがりなく。おとこはふりむき、よね八が手をとりひきよせ　主「かんにんして呉《くん》なヨ　よね「ナゼあやまるのだヱ　主「手めへにまで悲しい思ひをさせるから　よね「ヱ、もふおまはんは私《わちき》をそふ思つてお呉《くん》なさるのかへ　主「かわいそふに　ト　だきよせれば、よね八はあどけなく病にんのひざへよりそひ、顔を見て　よね「真《しん》に嬉しひヨ　どふぞ　主「どふぞとは　よね「かうしていつ迄居たひねへ　トいへば男もつく〴〵と見れば、思へばうつくしきすがたに**うつかり**

（『春色梅児誉美』初編・一・二、一八三二年）

主（丹次郎）「米八、なぜ泣くのだ」　米八「だって…」　主「だってって、それからどうした」　米八「お前様は、まあ、どうしてこんなに頼りなげな身の上に、おなりになったのかねえ」と、男の肩に取りすがって泣く。男［丹次郎］は、振り向いて、米八の手を取って引き寄せ、主「許してくれよ」　米八「どうして謝るのだい」　主「お前にまで、悲しい思いをさせるからさ」　米八「ああ、もう、お前様は、私のことをそんなふうに思って下さるのかい」　主「かわいそうにな」と抱き寄せると、米八は、あどけない顔をして病人［丹次郎］の膝に寄り添って、顔を見上げ、米八「本当に嬉しいね。どうか…」　主「どうかとは、どういうことだい」　米八「こうしていつまでもいたいものだね」と言うので、男も、米八をつくづく見て、改めて思えば、米八の愛らしい姿に心を奪われる。

病気でひとり寝込んでいた主人公丹次郎と、その見舞いに訪れた芸者の米八の会話の場面である。このままずっと一緒にいたいと言う米八のあどけない愛らしさに、丹次郎は改めて「うっかり」とするのであるが、これも、現代ならば「うっとり」に当たるものである。

○火うち坂をうちすぎ、二けんぢや屋にいたると、此所よりびくにはわき道へはいる　北八「コレ〳〵、おめへたちやアどこへゆく。そつちじやアあるめへ　びくに「ハイ是からおわかれ申ます。わしどもは、この在郷《ざいごう》へまはつてまいりますから　ト野みちをさつ〳〵と行過る。北八あきれて見おくると、弥次郎兵衛おかしくふき出し「ハヽヽヽ、北八、手めへけふは大分《でへぶ》つけがわりいぜ　北八「ヱ、とんだめにあつた。ごうはらな　ト**うつかり**しているうしろからばつたり行あたる往来の人　（『東海道中膝栗毛』四・上、一八〇五年）

燧坂《ひうちざか》［現在の愛知県豊橋市］を過ぎ、二軒茶屋にいたると、そこから尼僧たちは、脇道にはいっていく。北八「これこれ、お前たちは、どこへ行くのだ。そっちじゃないだろう」比丘尼「はい、ここからお別れ申します。私どもは、ここの田舎のほうへ廻って参りますから」と野道をさっさと行ってしまった。北八が呆然と見送ると、弥次郎兵衛はおかしくて吹き出し、「ははは、北八、お前、今日はだいぶ運が悪いぜ」北八「ああ、いまいましい目にあった。腹が立つ」と、気を取られている［北八の］後ろから、ばったりとぶつかった往来の人

北八が、旅の道連れになった尼僧たちと一緒の宿になろうという下心から、尼僧たちに持ち

合わせの煙草を全部やったりしていたのに、見事はぐらかされた場面である。北八が尼僧たちを呆然と見送っていると、うしろから、往来をゆくひとがぶつかってきたというから、この「うっかり」は、現代の「ぼんやり」にあたる使われかたをしている。

『春色梅児誉美』の例も、『東海道中膝栗毛』の例も、「うっかり」は、なにかに気を取られるという前提があり、〈単純な注意不足〉という意味にはあたらないし、それによってなにか失敗しているわけでもない。『東海道中膝栗毛』のほうは、往来にぼんやり立っていて、ひととぶつかったわけであるから、失敗といえば失敗なのかもしれないが、自分からなにかをやらかしたわけではない。

失敗をともなう「うっかり」

それでは、現代のように、「うっかり」した結果、失敗をしてしまう例は、いつからあるかというと、やはり、近世からあるようである。

○とつとおく山の者、市へ出ければ、やどの亭主、こゝもとは蚊がたくさんにいまする。かやへ入《いつ》てやすましやれといへば、かやをみて大にぎやうてんして、是をみやれ。此ふくろの中へ入といふは、ねいりたら、しめころさうとのたくみであらう。**うつかり**とはねまいぞといふた。

（『当世手打笑』二・二・山家の者、蚊帳をしらぬ事、一六八一年）

ずっと山奥に住んでいる者が、町の市に出てきたところ、［泊まった］宿の亭主が「この場所は、蚊がたくさんいます。蚊帳のなかに入ってお休みなさい」と言ったので、ひどくびっくりして、「これを見ろ。この袋のなかへ入れというのは、寝込んだら絞め殺そうという悪巧みであろう。不注意に寝たりはしないぞ」と言った。

さきに見た、『日本永代蔵』の「うかと」に通じるような例であり、不注意なことをして、失敗しないようにというニュアンスである。この奥山生まれの男は、蚊帳のなかで寝たことも、蚊帳を見たこともないので、こんな小さな袋のなかに「うっかり」入ると、なにをされるか分からないと警戒したのである。

○ヲツトもう平塚の棒端《ぼうはな》へきた。だいぶはらがきた。茶づりとせうか。マテ〳〵、**うつかり**はいると、めしばかりでひら塚ずなどゝしやれられてはうまらぬト、大坂屋長蔵が店に腰をかける。■「ヲイ、おまんまのさいは何がありやす「五色茶漬がござります■「なんだと。なんぼおれがしみたれたなりをすればとて、乞食茶漬がくはれるものか

（『東海道中滑稽譚』平塚、一八三五年）

おっと、もう、平塚の入り口に来た。だいぶ、腹が減った。お茶漬け飯としようか。待て待て、不注意に入ると、「平塚ですから」飯だけで、平碗「のおかず」が付かないのです、などと洒落を言われてはかなわない、と大坂屋長蔵の店に入って座る。■「よう、ご飯のおかずはなにがありますか」「五色茶漬があります」■「なんだって。いくらおれがみすぼらしい恰好をしているからといって、乞食茶漬が食えるものか」

これは、よく聞き間違いをする男が東海道を旅して、平塚にいたり、腹が減ったので、茶漬けでも食べようかと思ったけれども、警戒せずに店に入ったら、洒落まじりにおかずはないなどと言われてはたまらないので、先回りして、おかずがあるかどうかを尋ねたところ、「五色茶漬」があると言われたのを、「乞食茶漬」と、また聞き間違ったという落ちである。

以上二つは、〈注意が行き届かない様子〉で、それに伴う失敗を警戒している例である。つまり、近世の「うっかり」は、〈なにかに心を奪われている様子〉と〈注意が行き届かない様子〉が併存していると言える。両者の違いは、心が奪われる確たる対象があるかないかということであり、共通するのは、《心、ここにあらずの様子》ということになる。

近代になると、「うっかり」の例は、〈なにかに心を奪われている様子〉の例が衰退して、〈注意が行き届かない様子〉のみが残ることになった。〈なにかに心を奪われている様子〉は、「うっとり」のようなオノマトペが担うようになったことも、その一因として挙げられよう。

○自身の書いてゐるものにも、仮名違《かなちがひ》なんぞは沢山あるだらう。そんな事には頓着《とんぢやく》しないで遣つてゐる。要するに頭次第だと云つた。それから、兎に角余り生産的な為事《しごと》ではないが、その方はどう思つて居るかと問はれたので、純一が資産のある家の一人息子に生れて、パンの為めに働くには及ばない身の上だと話すと、大石は笑つて、それでは生活難と闘はないでも済むから、一廉《ひとかど》の労力の節減は出来るが、その代り刺戟《しげき》を受けることが少いから、**うつかり**すると成功の道を踏みはづすだらうと云つた。

（森鷗外『青年』四、一九一〇年）

○当時又可笑しかつたことには赤木［桁平］と俳談を闘はせた次手《ついで》に、**うつかり**蛇笏を賞讃したら、赤木は透《す》かさず「君と雖《いへど》も畢《つひ》に蛇笏を認めたかね」と大いに僕を冷笑した。僕は「常談云つちやいけない。僕をして過《あやま》たしめたものは実は君の諳誦なんだからな」とやつと冷笑を投げ返した。

（芥川龍之介「飯田蛇笏」、一九二四年）

『青年』の例は、注意が不足して「成功の道を踏みはずす」という失敗を犯すことを予測している。また、エッセイ「飯田蛇笏」のほうで、「蛇笏を賞讃する」というのは、そのことで冷笑を浴びているのであるから、芥川にとっては〈失敗〉になる。

また、ここには具体例を引いていないが、「～することをうっかりする」という言いかたもあって、その場合は、「～すること」自体を〈注意が行き届かず〉失念していたことが〈失敗〉なのである。さらに、「うっかり信じてはならない」というような言いかたも、「信じる」ということが失敗や不都合につながることを警告したものである。

以上の意味変化をまとめると、次のようになる。

中世	**近世**	**近代以降**
《心、ここにあらずの様子》		
〈なにかに心を奪われている様子〉	→	消滅
〈注意が行き届かない様子〉	→	〈注意が行き届かない（で失敗する）様子〉

第三節　からから　がらがら——高く軽やかに・重く響くように

「からから」に乾く

「からから」と聞くと、現代語でまず思い浮かべるのは、「しゃべりすぎて、喉がからからに乾いた」などというときの、〈水分が失われた様子〉であろうか。この「からから」は、「枯れる」の古いかたち「枯《か》る」と関係する言葉の可能性もあるから、本来は、オノマトペではないのかもしれない。しかし、「枯る」という言いかたは、現代では用いられないので、語源を論じることはせず、少なくとも現代では、「からから」はオノマトペだと考えておいたほうがよいだろう。似たような語として、「うきうき」や「ふらふら」も挙げることができる。これも、それぞれ「浮く」「振る」からできているとすれば、語源的にはオノマトペではないのかもしれないが、現代では、オノマトペだと言ってよいだろう。

この〈水分が失われた様子〉という意味の「からから」は、

○からから 笑声　○乾燥貌
（太田全斎『俚言集覧』、一七九七年頃）

のように、近世後期の辞書に、〈笑い声〉という意味とともに、〈乾燥貌（かわいた様子）〉として掲載されている。実際の使用例も、近世後期のものがある。

○懐《ふところ》中より守り袋を採《とり》いだし、鉢巻をしたその上から、天窓《あたま》へくる〳〵縛りつけ、唾《つば》で眉毛《まみへ》を無《む》しやうに濡せば飛八もまた守袋《まもり》をとり出《だ》し、これも天窓《あたま》へ縛り付《つけ》、唾《つば》で眉毛《まみへ》を濡しにか〻れど、口中《くち》は**から〳〵**干《かはい》て居《ゐ》るゆゑ　飛「こりやいかねへ　ヲイ野良さん。アノ亀井戸でうる臥龍梅《がりやうばい》の梅干を二十四文が所一度に口へは頬《ほ》ばれめへか　のら「ヱ、サ夫《それ》どころの噺《はな》しかヱ　飛「だけれど、眉毛《まみへ》へ唾《つば》を付てへが、口が乾いて仕方がねへから梅干の噺《はな》しをしたら舌のうらのとこから唾《つばき》が湧《わい》て来るだらうと思つてヲ
（梅亭金鵞『七偏人』五・中、一八六三年）

懐中から守り袋を取り出して、鉢巻をしたその上から、頭へくるくると縛り付け、唾で眉毛をひどく濡らすと、飛八もまた、守り袋を取り出して、こちらも頭へ縛り付け、唾で眉毛を濡らそうとするのだけれども、口のなかがからからに乾いているので　飛八「こりゃ、

いかん。おい、野良さん、あのさ、亀戸《かめいど》で売っている臥龍梅の梅干を二十四文分、一度に口に含むことはできないかね」野良「ええもう、そんな話をしている場合じゃないだろう」飛八「だけれど、眉毛に唾をつけたいのだが、口が渇いて仕方ないので、梅干の話をしたら、舌の裏のところから唾が湧いてくるだろうと思ってさ」

これは、飛八と野良七の二人で、化け物退治をしようとしている場面である。化け物に対して通力があるようにと守り袋を頭に巻き付け、だまくらかされないようにと、眉に唾をつけようとしたのだが、緊張のあまり口が乾いてしまっていて、唾が出てこない、それで、梅干の話をしたなら唾が湧くかと思って、話題にしているというところである。

「眉唾」の語源ともなっている、眉に唾をつけるというおまじないは、眉に唾をつけて平にして眉を抜かれないようにするという考えからきている。しかし、口のなかが、からからに乾いていては、それもままならないわけである。

この、「からから」に乾く、という言いかたは、その後も用いられ、現在にいたる。

○私は時々此女に会つて兄の事などを物語つて見たい気がしないでもない。然し会つたら定めし御婆さんになつて、昔とはまるで違つた顔をしてゐはしまいかと考へる。さうして其心も其顔同様に皺が寄つて、**からから**に乾いてゐはしまいかとも考へる。もし左右だとすると、彼女が今になつて兄の弟の私に会ふのは、彼女にとつて却つて辛い悲しい事かも知れない。

（夏目漱石『硝子戸の中』三十六、一九一五年）

○僕はその横に腰を下した。そうすると、今迄の緊張した、咽喉の**からから**するような切迫した気持が、すっと消えて行った。ポンポンはもう三津の沖合はるかを、港に近寄る気配も見せずに、まっしぐらに進んで行く。右手を見れば、のどかな春霞が水平線にたなびき、その上にぽっかりと富士が見える。

（福永武彦『草の花』、一九五四年）

「からから」鳴る

「からから」で、次に思い出すのは、「からから鳴る」というものであろうか。これも、古くから用いられている。

○所からに、いとど世の中の常なさを思しあかしても、なほ「うき人しもぞ」と思し出でらるるおし明け方の月影に、法師ばらの閼伽《あか》たてまつるとて、**からから**と鳴らしつつ、菊の花、濃き薄き紅葉など折り散らしたるもはかなけれど、この方の営みは、この世もつれづれならず、後《のち》の世はた頼もしげなり。

（『源氏物語』賢木《さかき》、一〇〇八年頃）

［光源氏は、雲林院という］場所が場所だけに、ひどく世の中の無常であることを思いながら夜を明かしても、やはり、「つれない人こそとりわけ（恋しいことだ）」と［藤壺のことを］思い出す、その明け方の月の光のなか、法師たちが御仏に水をたてまつるということで、からからと花皿の音をたてて、菊の花、濃い紅葉、薄い紅葉などを折って散らしている様子も心許《こころもと》ない思いはするけれども、この仏道の営みは、現世でも時間をもてあますことなく、来世のためにもまた、頼みとなるものなのである。

「所からに」と言われている雲林院とは、京都の紫野にある天台宗の寺院であり、光源氏は、今そこに籠《こ》もっている。寺院だけに世の無常をなおさら身に感じつつも、『古今集』の歌に言う、明け方に思い出すつれないひとがなお恋しいと、藤壺のことを思い出しているのである。「閼伽」とは、もとはサンスクリット語で、英語の aqua（水）とも語源を共通する言葉であり、御仏にたてまつる水である。それを金属製の花皿に入れようとすると、それらが触れあって音をたてるというのである（ちなみに、そう考証したのは、本居宣長である）。ここでの「からから」は、〈高く軽やかに響く音〉を表わしている。

このような「からから」は、その後も用い続けられている。

○御車宿りには、板敷を奥には高く、端はさがりて、大きなる妻戸をせさせたまへる、ゆゑは、御車の装束をさながら立てさせたまひて、おのづからとみのことの折に、とりあへず戸押し開かば、**からから**と、人も手もふれぬさきに、さし出さむが料と、おもしろく思し召したることぞかし。

（『大鏡』伊尹《これただ》、一〇八六〜一一二三年頃）

［花山院の］牛車の車庫には、床の板敷きを奥のほうは高く、端のほうは低くしておいて、大きな観音開きの戸をつけて［あるが］、その理由は、御車の外装をつけたままにしておいて、もし急ぎのことがあった時には、まずは戸を開けると、からからと車輪の音をたてて、人も手も触れないうちに、出てくるようにしたわけで、面白くお考えになりましたことです。

○「まことに御正体《みしやうたい》にてましまさば、必ず開けずとも然《しか》るべし」と、笈《おい》の掛帯をとりて打ち振りければ、兜《かぶと》、臑当《すねあて》の音、**からから**としければ、肝を潰《つぶ》し、「これ召され候へ」と申しければ、弁慶、「さればこそ権現穢《けが》されて候はば、左右《さう》なく笈は受け取るまじ。滌《すす》がずば取り給ふな。客僧達」と申しければ、事むつかしくや思ひけん、皆々散々になる所に、代官一人残りけり。

（『義経記』七、一四五七年頃）

「本当に権現さまが［笈のなかに］いらっしゃるのであれば、絶対に開けなくてもよかろう」と、［吟味のものたちが］笈を背負うための帯をつかんで振ってみたところ、兜と臑当の音がからからとしたので、びっくりして、「これを持っていってください」と申したので、弁慶は、「だから言ったのに。［しかし］権現を穢されては、すんなり笈を受け取るわけにはいかない。清めないのならお受け取りなさるな、客僧のみなさまがた」と申したので、話が面倒になると思ったのだろうか、みんな散り散りにいなくなったあとに、代官だけがひとり残った。

○下駄**から〳〵**と通るやや寒

（大島蓼太『七柏集《ななかしわ》』一・下、一七八一年）

○小倉の冬は冬といふ程の事はない。西北の海から長門の一角を掠めて、寒い風が吹いて来て、蜜柑の木の枯葉を庭の砂の上に吹き落して、**からから**と音をさせて、庭のあちこちへ吹き遣つて、暫くおもちやにしてゐて、とうとう縁の下に吹き込んでしまふ。

（森鷗外「独身」一、一九一〇年）

『大鏡』では〈車輪の鳴る音〉、『義経記』では、〈兜と臑当が触れあってたてる音〉、『七柏集』では、〈下駄で道を歩くときに鳴る音〉、「独身」では、〈枯れ葉が庭の砂と触れあってたてる音〉というようになっている。いずれも、〈高く軽やかに響く音〉と捉えることができる。

「がらがら」鳴る

さて、「からから」に対応する、「がらがら」はどうであろうか。「からから」が〈高く軽やかに響く音〉であれば、「がらがら」（ここには、「ぐわらぐわら」も含めることにする）は、それに対応して〈低く重々しく響く音〉ということになる。

○Guaraguarato（ぐゎらぐゎらと）　副詞。石の山が崩れ落ちるさま、または、雷などの鳴る形容。例、Caminariga guaraguarato naru.（雷がぐわらぐわらと鳴る）
（『日葡辞書』、一六〇三～〇四年）

この『日葡辞書』の意味記述は、まさにそれに対応する。また、実例も指摘できる。

○是が武蔵野であらふ、やらにが〳〵しや、俄にかみなりがなつて、くろ雲がまひさがる、なふおそろしや、此あたりに在所もなし、何と仕《つかまつ》らうずるぞ　（雷）「**ぐわら〳〵**、ひかり〳〵、**ぐわら〳〵**どう　〈一返まはりてころぶ〉　（雷）「あ痛やなふ、あゝいかふ腰をうつたよ　〈くすしを見付けて〉　（雷）「汝は何ものぞ　（医師）私は都の者でござる　（雷）「都では何をする者ぞ　（医師）「身共はくすしで御ざるが、都にて身体ならぬ故に罷下つて御ざるが、只今の様子をみてきもをつぶひて、是にゐまらする

（虎明本狂言『かみなり』、一六四二年）

ここが武蔵野であろう、やれ困ったことだ、急に雷が鳴って、黒雲が垂れ下がってくる、なんと恐ろしいことだ、このあたりには、人の住まいもないし、どうしようか　雷「がらがらがら、ぴかりぴかり、がらがらがらどーん」〈一回まわってころぶ〉　雷「ああ、痛い、ああ、ひどく腰を打ったよ」〈医者を見つけて〉　雷「お前は何者だ」　医師「私は都の人間です」　雷「都ではなにをしている者だ」　医師「私は医者でございますが、都ではうまくいかないので、［東国に］まかりくだったのでございますが、ちょうどいまの出来事を見て、ひどく驚いて、ここにおります」

都落ちしてきた医者の目の前に、雷が落ちてきたのだが、雷神も一緒に落ちてきてしまったという場面である。雷神が、地上に落ちてきて、ひどく腰を打ってしまったという設定には笑えるが、落ちるときの「がらがらどーん」という音が、その激しさを物語っている。都落ちした医者は、藪《やぶ》医者という設定であったのだが、腰を打った雷神にハリを打って治し、深く感謝されるという展開になっていく。

○是非に婿《むこ》を取るならばおかちが命は有るまいぞ。思知ったか思知れとあたりをきろ〳〵睨《ねめ》廻し、ア、づゝない苦しいと悶えわなゝきそゞろ言。父は驚き色違へ、法印少しも臆せず、汝、元来何処《いづく》より来る、疾っく去れ〳〵。行者の法力尽くべきかと鈴錫杖《れいしやくぢやう》をちりゝん**がら〳〵**、急《きふ》々如律令《によりつりやう》と責めかくる。与兵衛むつくと起き、何を知って、去れ〳〵。どう山伏置きをれと落間《おちま》にがはと突落せば、ヤア山伏の法を知らぬか。印《しるし》を見せずば置くまじと。駆上りん〳〵鈴《れい》りん〳〵。引摺下せば、又駆上る、不動の真言どた〳〵たぐわつたりばつたりだ。引摺下され山伏も錫杖**がら〳〵**。命から〴〵帰りけり。

（『女殺油地獄』中、一七二一年）

［おかちに取り付いた徳兵衛の死霊が］無理に婿を取るのであれば、おかちの命はあるまいぞ。思い知ったか、思い知れ、と［おかちの口から言わせて］、周りをきょろきょろ睨み付け、ああ、切ない、苦しいと、悶えわなないて、取り止めもないことを口ばしる。父［与兵衛］は、驚いて顔色を変えるが、法印は少しも引かずに、お前は、どこからやってきたのだ、はやく去ってしまえ、行者の法力が消え失せることがあろうかと、鈴をちりりん、錫杖をがらがら鳴らしながら、急々如律令と呪文を唱える。すると、与兵衛はむっくと起き上がり、お前になにがわかるか、［お前こそ］去ってしまえ、このくされ山伏め、手を引け、と落間にどおっと突き落とすと、ややあ山伏の法力を知らないのか、効験を見せずに済ますことはできないと、駆け上がりつつ、鈴をりんりん鳴らす。与兵衛がまた引きず

り下ろすと、山伏はまた駆け上がる。不動明王の呪文通りに、どたどたがったりばったりだ。［しかし、与兵衛にとうとう］引きずり下ろされ、山伏は、錫杖をがらがら言わせて、命からがら逃げ帰った。

この例は、死霊が取り憑《つ》いた娘から、死霊を追い出そうとする山伏が錫杖を鳴らす音を「がらがら」と表現したものである。これも、〈低く重々しく響く音〉と言ってよかろう。この〈低く重々しく響く音〉としては、ほかに、戸を開けるときに戸車が鳴る音、うがいをするときの音などの例もある。

「からから」笑う

さて、「からから」には、もうひとつのオノマトペの用法がある。それは、〈明るく爽やかで屈託のない笑い声〉というものである。中世頃から例があり、軍記物や武士を描いた物語、浄瑠璃、歌舞伎などによく出てくる。

○源氏の兵《つはもの》ども、すでに平家の舟にのりうつりければ、水手梶取《すいしゆかんどり》ども、射ころされ、きりころされて、船を直すに及ばず、舟ぞこに倒《たは》れふしにけり。新中納言知盛卿、小船にのッて御所の御舟《おんふね》にまいり、「世のなかいまはかうと見えて候。見ぐるしからん物どもみな海へ入れさせ給へ」とて、艫《とも》・舳《へ》に走りまはり、掃いたり、拭《のご》うたり、塵《ちり》ひろい、手づから掃除せられけり。女房達「中納言殿、いくさはいかにやいかに」と口々にとひ給へば、「めづらしきあづま男をこそ御らんぜられ候はんずらめ」とて、**から〳〵**とわらひ給へば、「なんでうのたゞいまのたはぶれぞや」とて、声々にをめきさけび給ひけり。

（『平家物語』十一・先帝身投、一二四〇年頃）

源氏の兵士たちが、もう平家の船に乗り移ってしまうと、船をあやつるものたちは、弓で射殺され、刀で斬り殺されて、船の進路を直すこともできずに、船底に倒れ伏してしまった。新中納言の平知盛卿は、小船に乗って帝の乗っていらっしゃる船に参上し、「戦況は、今はこれまでと思えます。残って見苦しいものは、みな、海にお捨てなさいませ」と言って、船の先から後ろまで走り回って、掃いたり拭いたりして、ごみを拾い、自身の手で掃き清めた。そばづかえの女房たちが、「中納言殿、戦況はどうでありましょう」と、口々にお尋ねなさると、「滅多に見ることのない東男を御覧になることができましょう（お楽しみに）」と、からからとお笑いになるので、「なんという冗談をこんなときに言うのでしょう」と、声々に叫び騒いだ。

平知盛《とももり》の爽やかで潔い姿が描かれている場面であるが、その笑い声も、あくまで明るく爽やかである。だから、「からから」は誰にでも使われるわけではない。むしろ、「からから」が笑い声として用いられている登場人物に注目すれば、作者の思い入れが誰にあるかが分かる、ということなのである。

○御廏《みうまや》の小平次に仰《おほ》せて切るべかりしを、犬房がひらに所望《しよまう》申しけるにより、犬房が手へ渡されける。犬房が郎等《らうどう》、請《う》け取りて出でければ、垣のごとくなる勢の中をつつと通りけるが、四方を見回して、をかしくもなき笑ひを**からから**として申しけるは、「これを見て、人々のさこそをかしく思ふらん。されどもこれは父のために捨つる命なれば、さだめて天衆地類も影向し給ふらん。時宗《ときむね》が付くところの縄は、善の縄ぞかし。各々、手を掛けよや」とぞ言ひける。

（『曾我物語』九、一三六一年頃）

御廏の小平次に命じて［曾我五郎時宗を］斬るはずであったのを、［工藤祐経の子供の］犬房が、どうしてもと所望したので、［五郎は］犬房のほうへと渡された。犬房の家来たちが、身柄を受け取って出たところ、垣根のように居並ぶ人々のなかを堂々と通ったのだが、［五郎は］あたりを見回して、おかしいからではない笑い声をからからとあげて、「これを見て、人々はさぞ滑稽に思うだろう。けれども、これは父上のために捨てる命であるから、きっと天地の神仏もこの世に現れてお認めくださることだろう。この時宗が縛られている縄は、善の縄である。おのおのがた、［この縄に］手を触れ［て善根を積まれ］よ」と申した。

これも、父の仇討ちが叶ったのち、捕縛されても悪びれない曾我五郎時宗（一般には、「時致」と表記される）の爽やかさ、神妙さが際立った場面である。「をかしくもなき笑ひ」とは、要するに、心から愉快さを感じてたてている笑い声なのである。

ところで、明るく爽やかな人物造形であれば、「からから」と笑うのは、なにも男性に限らない。

○彦九郎妹のゆらは、長刀《なぎなた》を取りのべて兄彦九郎を追かけ来り、これ兄様、妹とはいひながら政山三五平といふ侍の妻なれば、義の立たぬことあれば兄とても許されず、いかに〱と申しける。彦九郎はつたと睨み、ヤア小賢しき女郎《めろう》めが、兄彦九郎に向つて義の立つ立たぬとは推参千万《すゐさんせんばん》。子細をぬかせ、ぬかさずは長刀持つたる腕節《ぼし》共に捩《ねぢ》折ってくれんずと大きに怒《いか》つていひければ、ゆら、**から〱**と笑ひ、ヤアしほらしい腰抜殿。様子をいうて聞かせ申さん。こなたの内儀は鼓の師匠、京の宮地源右衛門と密通して。御家中此の沙汰真最中。それ故、土産に真苧《まお》を遣《つかは》し気を付けても、妻敵《めがたき》をもえ討たず、聞かぬかほする腰抜の彦九郎、其の妹とは添ひ難しと。夫《つま》の政山三五平、我に暇をくれられて、兄が腰が立つたらば其の時は立帰れ。元の如く夫婦にならんと離別して来《きた》つたり。

（近松門左衛門『堀川波鼓』中、一七〇六年頃）

彦五郎の妹ゆらは、長刀を取り持って、兄彦九郎を追いかけてきて、「これ兄様、私は妹とは言いながら、政山三五平という侍の妻ですので、正しくないことは兄様でも許すことはできません。さあさあ、どうしますか」と申した。彦九郎は、はったと睨んで、「やあ小賢しい娘っこめが、兄の彦九郎に向かって、正しいの正しくないのとは、無礼千万。詳しくぬかしてみろ、ぬかさなければ、長刀とそれを持ったその腕っ節も一緒に、ねじり折ってやろう」とひどく怒って言うと、ゆらは、からからと笑って、「やあやあ［話を聞こうとは］感心な腰抜けさんよ。様子を言って聞かせよう。あなたの妻は、鼓の師匠、京の都の宮地源右衛門と密通して、お家中が、その噂でもちきり。そのため、土産に真苧（まお）を送って、間男（まおとこ）だと気づかせようとしても、妻と通じた男も討てずに、知らん顔をする腰抜けの彦九郎の妹とは添い遂げられないと、夫の政山三五平は私を離縁して、お前の兄の面目が立ったら、その時は、戻ってこい、前の通り夫婦となろうと［いうので］、別れてやってきたのです」。

ここに登場する、ゆらは、女性であるが、武士の妻としての誇りを持っている。不義密通をしている妻とその相手を討つこともできない、不甲斐ない兄に向かって、胸のすくようなせりってよかろう。

ふを述べたてるのである。これに先立つ「からから」もまた、〈明るく爽やかな笑い声〉と言

「からから」のゆくえ

現代では、笑う声を表わすオノマトペの「からから」は、日常生活では、あまり目にすることがない。あるとすれば、小説の時代物で、しかも、大げさで、少し古くさい感じさえする。

○余はバイを一つつまみ、臍《へそ》の緒のようなものをひきだして舌にのせた。噛みしめると、実にうまい。貝の堅さがなく、草木の若芽の如くに腹中に溶けこむ趣きである。余は皿のバイをみな平らげて、放善坊の皿をひきよせた。余がバイを食する様を小気味よげに打ち眺めていた放善坊は**カラカラ**と大笑し、

「坊主の食物になれた人にはタニシが珍味と見えますな。田舎女中に笑われないようになさいまし」

（坂口安吾「決戦川中島」、一九五三年）

また、「からから」が、〈明るく爽やかな笑い声〉であれば、「がらがら」は、〈暗く陰気な笑い声〉となりそうなものであるが、「がらがらと笑う」とは、現代では通常言わない。ただ、次の例のような「がらがら声」のような言いかたはあり、〈濁った、なにかに引っかかるよう

な声〉を意味する。「からから」が爽快なプラスの意味を持っているのに対して、「がらがら」はあまり快くはない、マイナスの意味を持っていると言えよう。

○カビ博士の顔の下半分は黒い毛でうずもれている。その毛むくじゃらの草原のまん中が、ぽっかりあくと、赤いものが髭越《ひげご》しに見える。それは博士の口の中の色である。この赤いきんちゃくのような口は、ひろがったりすぼまったりして、よく動く。そして髭の中から博士の**がらがら声**がとび出して来るのである。

（海野十三「海底都市」、一九四八年）

以上述べてきたところを整理すると、次のようになる。

	中古	**中世**	**近世**	**近代**
「からから」	〈高く軽やかに響く音〉→	〈明るく爽やかな笑い声〉→	〈喉がひどく渇く様子〉→	
「がらがら」		〈低く重く響く音〉→	〈喉に引っかかるような声〉→	

第四節　かん　かあん　がん　があん——擬音語から擬態語へ

金属音「かん」

「かん」は、現代では、金属を叩いたときなどに鳴り響いて発する、澄んだ音を表わす擬音語として用いられる。鳴り響く時間が、心持ち長かったりすると、「かーん」「かあん」のように、長音符号や母音をあいだにはさんだ表記になることもある。

近世には、次のような例がある。

○朝比奈が握こぶしのにぎりめし。くらふてみよといふ空の霞におつるかねの声。ごんとなればくはんとくらはせ。またごんとなるとくはんとはる。三ツ四ツ五ツかしらのあたまで数とる拍子取る。

（近松門左衛門『曾我会稽山』一、一七一八年）

この朝比奈の握り拳を、握り飯だと思って食らってみろと［朝比奈が］言う、そのおりから空を見れば霞のかかったなかに、日が暮れる入相の鐘の音が響く。鐘がごんと鳴ったら、［榛谷の頭にげんこつを］くはん（カン）と食らわせ、また、鐘がごんと鳴ったら、げんこつでくはんと殴る。三つ四つ五つと殴りながら、榛谷の頭で、数を数えて、拍子をとる。

これは、朝比奈三郎が、榛谷《はんがえ》四郎の頭を、入相の鐘の音に合わせて殴りつけるという場面である。鐘は「ごん」と鳴り、頭は「くはん」と音を立てる（かのようである）、というのである。この「くはん」の表記は実際には「クヮン」のような音を表わしていたと考えられ、厳密には、「かん」とは異なる微妙な音であるが、ここでは、「かん」のなかに含めて考える。

ところで、頭を殴った音にしては、「かん（くはん）」は明るすぎるのではないかというようにも思える。現代的には、むしろ、「がん（ぐはん）」のほうがふさわしいのではないか。また、江戸時代の本は、濁点を必ずしも厳密には付さない。だとすれば、ここも本当は「がん（ぐはん）」で、濁点が付いていないだけではないのか。

しかし、結論から言うと、ここは、やはり濁点のない「かん（くはん）」でいい。

この場面は、鐘が「ごん」と重い響きをたてて鳴ったあと、頭は「かん（くはん）」と音をたてる、という見立てなのである。頭は、「鉢」という言いかたもする。「鉢」は仏具でもある。仏具の鐘が「ごん」と鳴ると、それに即応して、仏具の「鉢」が「かん（くはん）」と響く。

だから、ここは、現実にどのような音が生じていたのかということは、あまり問題にはならないのであり、むしろ、このことから、頭の「鉢」が、高く鋭く澄んで余韻を残す金属的な「かん（くはん）」という音をたてていると考えておくのがよいということになる。
金属を叩いて鳴らす「かん」という音は、近代でも用いられる。

○坊主だか何だか分らない。只竹の中で**かん〳〵**と幽かに敲《たゝ》くのさ。冬の朝なんぞ、霜が強く降つて、布団のなかで世の中の寒さを一二寸の厚さに遮ぎつて聞いてゐると、竹藪のなかから、**かん〳〵**響いてくる。誰が敲くのだか分らない。僕は寺の前を通る度に、長い石甃と、倒れかゝつた山門と、山門を埋め尽くす程な大竹藪を見るのだが、一度も山門のなかを覗いた事がない。只竹藪のなかで敲く鉦の音だけを聞いては、夜具の裏で海老の様になるのさ。
（夏目漱石「二百十日」一、一九〇六年）

これは、寺の竹藪から響いてくる、鉦の音である。一方、同じ「二百十日」には、鉄を鍛えて叩く「かあん」の例もある。

○「呑気だから見てゐたのさ。然し薄暗い所で赤い鉄を打つと奇麗だね。ぴち〳〵火花が出る」

「出るさ、東京の真中でも出る」

「東京の真中でも出る事は出るが、感じが違ふよ。かう云ふ山の中の鍛冶屋は第一、音から違ふ。そら、此処迄聞えるぜ」

初秋の日脚は、うす寒く、遠い国の方へ傾いて、淋しい山里の空気が、心細い夕暮れを促がすなかに、**かあん〳〵**と鉄を打つ音がする。

「聞えるだらう」と圭さんが云ふ。(二)

薄暗いところで鉄を鍛えると火花が出るという話から、その火花は、東京と山のなかでは感じが違うという話になって、さらに、東京と山のなかでは鍛冶の音も違うと、どんどん話題がずれ移っていく場面で、「かあんかあん」という鍛冶の音は、一種BGMのような効果音として働いている。漱石は、この「かん」「かあん」という、高く澄んで乾いた音が好みでもあったようである。この他にも多くの例を見ることができ、特に「坑夫」には例が多い。

○鍛冶の頭《かみ》は**かん**と打ち、相槌《あいづち》はとんと打つ。去れども打たるゝは同じ剣《つるぎ》である。
(『虞美人草』八、一九〇七年)

○裏の専念寺で夕《ゆうべ》の御務めを**かあん〳〵**やつてゐる。
(「野分」三、一九〇七年)

○初さんが笑ふたんびに、坑《あな》の中がみんな響き出す。其の響が収まると前よりも倍静かになる。所へ**かあん、かあん**と何処《どこ》かで鑿《のみ》と槌を使つてる音が伝はつて来る。

（「坑夫」六十五、一九〇八年）

いずれも、鍛冶の槌音、鉦、鑿と槌の音のように、金属を叩いたときに出る音を表わしている。また、擬音語ではないが、〈炭火が強くおこる様子〉の「かんかん」の例もある。

○鼓がくると、台所から七輪を持つて来さして、**かん〳〵**いふ炭火の上で鼓の皮を焙《あぶ》り始めた。みんな驚いて見てゐる。自分もこの猛烈な焙りかたには驚いた。大丈夫ですかと尋ねたら、え、大丈夫ですと答へながら、指の先で張切った皮の上を**かん**と弾いた。一寸《ちよつと》好い音《ね》がした。

（「永日小品」元日、一九〇九年）

擬音語「かん」から擬態語「かん」へ

「かん」はもともと擬音語であったことが分かった。ところが、次のような例はどうであろうか。

○私は手当り次第に積みあげ、また慌しく潰《くづ》し、また慌しく築きあげた。新しく引き抜いてつけ加へたり、取去つたりした。奇怪な幻想的な城が、その度に赤くなつたり青くなつたりした。

やつとそれは出来上つた。そして軽く跳《おど》りあがる心を制しながら、その城壁の頂きに恐る恐る檸檬を据ゑつけた。そしてそれは上出来だつた。

見わたすと、その檸檬の色彩はガチヤガチヤした色の諧調をひつそりと紡錘形の身体の中へ吸収してしまつて、**カーン**と冴えかへつていた。私は埃りつぽい丸善の中の空気が、その檸檬の周囲だけ変に緊張してゐるやうな気がした。（梶井基次郎「檸檬」、一九二五年）

「檸檬」の有名なシーンである。京都丸善で、本棚から画集を抜いては積み、もとに戻して別のを抜いては積みして、城のように積み上げたあと、その頂上に檸檬を置く。そうすると、その檸檬の色が、「カーン」と冴えわたったというのである。

この「カーン」は、むろん、そのような音が出ているのではない。それでは、なぜ、ここに「カーン」が用いられるのかといえば、擬音語「カーン」の持つ、鋭さや爽快さといったものが抽象化され、転移されたと説明できるだろう。そのことは、あとのほうに、「変に緊張しているよう」だと記されていることからも分かる。鋭い緊張感がただよったというのである。そのことを、普通の言葉で説明するのではなく、実感的なオノマトペを用いて表現しているのである。また、ここは、「カン」ではなく、「カーン」となっていることにも留意したい。「カン」では瞬間的すぎて、すぐに消えてしまいそうである。「カーン」という、ある程度の時間的な持続をともなって、響き渡ることが必要なのである。

そして、ここで最も大事なのは、擬音語「カーン」が、擬態語「カーン」へと変貌を遂げていることである。

また、次のような例はどうであろう。

○自分でさへ驚くばかり底の底に又底のある迷路を恐る〳〵伝つて行くと、果てしもなく現はれ出る人の顔の一番奥に、赤い衣物を裾長に着て、眩《まばゆ》い程に輝き亘つた男の姿が見え出した。葉子の心の周囲にそれまで響いてゐた音楽はその瞬間ぱつたり静まつてしまつて、耳の底が**かーん**とする程空恐しい寂寞の中に、船の舳の方で氷をたゝき破るような寒い時鐘の音が聞えた。「カンカン、カンカン、カーン」……。

（有島武郎『或る女』前編・十三、一九一九年）

○霜は真っ白で、すべての影は凍りついて、**カーン**と耳が聾になってしまいそうな寒気だった。

黒い布をかぶり込んだのは、その形体を隠す目的よりは耳が痛いせいだった。先刻《さつき》から裏庭の木戸の方にかがみ込んでいた鮎川部屋の者たちは、かじかんだ手に息をかけて、待ち焦《じ》れていた。

（吉川英治「八寒道中」、一九二九年）

○　おまわりは、帖簿《ちょうぼ》をくってでもいるらしく暫《しばら》く黙っていたが、やがてガチャリと佩剣《はいけん》の音をさせて足をふみかえた。

「それで……息子の勉《つとむ》っていうのが行方不明なんだな？」

乙女は、ミツ子の小さい桃色のズロースを握ったなり、耳の内が**カーン**となるような気持である。祖母ちゃんは、いつものゆっくりした低い叮嚀《ていねい》な声で、

「へえ」

と答えている。

（宮本百合子「小祝《こいわい》の一家」、一九三四年）

『或る女』の例は、葉子が男の姿を認めたとたんに、周囲の音楽が耳に入らなくなった状態を「カーン」というオノマトペで表わしている。よく、非常に大きな音を聞いたあとに、耳が「キーン」と鳴るということを経験するが、ここで述べられているのは、そのようなものでもなく、実際に音が聞こえなくなった、空虚な状況そのものを表わしているのである。「八寒道中」の例も、あまりの寒さに耳が「カーン」となって音が聞こえなくなるというのであるから、ほぼ同じ状況を表わしていると言ってよいだろう。「小祝の一家」の場合は、それらとはやや

異なり、警官からの質問に激しく動揺して、耳のなかが「カーン」という感覚で満たされたという感覚である。

これらに共通するのは、「カーン」が、もはや擬音語ではないということである。ただし、擬音語とはまったく別に作られたものかというとそうではなく、擬音語のときに持っていた、〈鋭さ・明るさ・軽さ・爽快さ・空虚さ〉といった感覚を抽象的に引き継いだということである。つまり、いわば擬音語の持つ感覚そのものを引き抜いて、同じような感覚を抱かせる対象に適用したということなのである。

「がん」「がーん」の展開

「がん」「がーん」は、「かん」「かーん」と清濁の対応をするオノマトペである。その早い例は、近世の狂言台本から見られる（ここでも、「かん」と同じく、「がん」のなかに「ぐはん」も含めて考える）。

○さらば撞て見う。ヱイ〱ヤツトナ。**ぐはん**。ヱイ〱ヤツトナ。**ぐはん**。是はいかな事。是は破鐘《われがね》じや。めで度い御差初《おさしぞめ》にわれがねは御用に立まい。是は余の寺に参《まゐら》う。

（虎寛本狂言『かねのね』、一七九二年写）

それならばこの鐘をついてみよう。エイエイ、ヤットナ。グワン。エイエイ、ヤットナ。グワン。これはどうしたことだ。これはひびの入った鐘だ。(ご主人のご子息の)目出度い刀のお差し初めに、ひびの入った鐘はお役に立つまい。これは、他の寺に参ろう。

これは、主人の息子が成人を迎え、刀の差し初めをするので、鎌倉に行って、刀の飾りとしてつける「金具(かね)の値段(ね)」を聞いてこいと言いつけられた太郎冠者が、例によって、「鐘の音」を聞いてこいと言いつけられたと勘違いして、あちらこちらの寺に行って、鐘の音を聞いてまわるというところの一節である。

太郎冠者は、まず五台堂(五大堂、明王院)に行って鐘をついてみるが、「グワン」という音で、鐘にひびが入っていることに気づき、お目出度い行事に、ひびが入るというのでは縁起が悪いと考え、そこを去り、寿福寺へ行く。寿福寺の鐘は「チン」と鳴って音が小さすぎるので、そこもやめて、極楽寺に行くが、その鐘は「コンコン」と鳴るだけで響きが悪い。そこで、さらに建長寺に行くと、その鐘は、「ジャアン、モンモンモン」と余韻を残しながら見事な音をたてる。太郎冠者は、この建長寺の鐘がよいと喜んで、主人に報告に行くが、勘違いがばれて叱られるという、いつもながらのオチがつく。

この話は、寺ごとの鐘の音が、みごとにオノマトペを利用して、対比的に描かれているところが面白いのであるが、ここでは「がん(ぐはん)」が、鐘を鳴らしたときに出る音として用いられていることに注目したい。しかも、引用文の「ヱイ〳〵、ヤットナ」というかけ声からも分かるように、かなり勢いと力をこめたものである。

前述の「かん（くはん）」が、鉢を叩いたときのような、軽くて明るい、澄んだ音であったのに対して、「がん（ぐはん）」は、重くて暗い、濁った音を表わしている。

次の例はどうか。

○思ひ付で舩の底をくり抜て。六蔵めにさるを引せ。一番ごつきりで義興《よしおき》めを。川中で**ぐはん**と云せた其《その》御褒美に此《この》頓兵衛。尊氏様の尻持で。大名に成筈《なるはづ》なれど。夫《それ》では結句気が詰り。好の転奕が打れませぬ。大名けんどんよしにして。やつぱりたべ付たぶつかけの渡守がよござりまするとや。（平賀源内『神霊矢口渡』四、一七六九年）

一計を案じて、船の底をくりぬき、六蔵のやつに船底の栓を抜かせて、一発勝負で義興のやつを、川のなかで手ひどい目にあわせた、その御褒美に、この頓兵衛は、足利尊氏様の後ろ盾で、大名になるはずだったけれども、「それだと、結局、気づまりになって、好きな博打がうてなくなります。大名風の豪華な器ものはやめにして、やっぱり食べ慣れた、ぶっかけものを食っている渡し守のほうがようございます」と、申し上げたところ。

この例の「がん（ぐはん）」は、実際に出ている音ではない。したがって、これは擬音語ではなく、擬態語と言うべきであろう。そして、ここで「がん（ぐはん）」が用いられているのは、その衝撃の〈激しさ・強さ・重さ〉といった性質によるものであり、それは、まさに「かん」のときに見た〈鋭さ・明るさ・軽さ・爽快さ・空虚さ〉と対照をなすものである。すなわち、「かん」で見られたような、音の持つ印象を介在した、擬音語から擬態語へという意味変化の方向性が、「がん」でも見られるのである。

「がーん」のほうはどうか。

○「絞める時、花の様な唇がぴり〳〵と顫《ふる》ふた」「透き通る様な額に紫色の筋が出た」「あの唸《うな》つた声がまだ耳に付いて居る」。黒い影が再び黒い夜の中に吸ひ込まれる時櫓《やぐら》の上で時計の音が**があん**と鳴る。

（夏目漱石「倫敦塔」、一九〇五年）

○『オイオイ！』

……果して来た！　彼の耳が**ガアン**と鳴つた。

『オイオイ！……』

警官は斯《か》う繰返してものの一分程もぢつと彼の顔を視つめてゐたが、

『……忘れたか？　僕だよ……忘れたかね？　ウ、？……』

警官は斯う云つて、初めて相格を崩し始めた。
『あ君か！　僕はまた何事かと思って吃驚《びっくり》しちゃったよ。』

（葛西善蔵「子をつれて」二、一九一八年）

○ぴしゃといふやうに鉄砲の音が小十郎に聞えた。ところが熊は少しも倒れないで嵐のやうに黒くゆらいでやって来たやうだった。犬がその足もとに嚙み付いた。と思ふと小十郎は**があん**と頭が鳴ってまはりがいちめんまっ青になった。

（宮沢賢治「なめとこ山の熊」、一九三四年頃）

「がーん（があん）」のほうも、「倫敦塔」の時計の音は擬音語であるが、「子をつれて」や「なめとこ山の熊」の、耳や頭が鳴る様子は微妙で、音が感じられるようでもあり、音というよりはもっと抽象的な衝撃と言うべきもののようでもあり、擬音語なのか擬態語なのか一義的には決めがたい例と言える。しかし、「かーん」でも見ることのできた、擬音語から擬態語への推移が、「がーん」のほうにもあったということは確認できた。有名な、漫画『巨人の星』における、感動を表わすオノマトペ「ガーン」も、この流れのなかにあるわけである。

以上の流れを図で表わすと、次のようになる。

両者とも、擬音語の際に持っていた音の有する感覚を、抽象化したかたちで、衝撃の感覚に転移させている。

	近世		近代
「かん」「かーん」	〈鉦などの鋭く高く明るい音〉	→	〈鋭く爽快な衝撃をおこす様子〉
「がん」「がーん」	〈鐘などの重く激しく強い音〉	→	〈重く激しく強い衝撃をおこす様子〉

第五節　きりきり　ぎりぎり――きつく引き絞って……

「きりきり」の古い用法

「きりきり」というオノマトペを聞いて、現代ですぐ思い出されるのは、もしかして、「きりきりと胃が痛む」であろうか。いかにも、現代のストレス社会を映し出している。「くやしくて、きりきりと歯がみをする」というものもあるが、これは、ちょっと古い用法かもしれない。「弓をきりきりと引き絞る」だと、弓道の経験者か。

「きりきり」は、中古の例を見出すことができる。

○かりがねの羽風を寒みはたおりめくだまく声の**きりきり**と鳴く

（『古今和歌六帖』六、九七六～九八七年頃）

雁のたてる羽ばたきの風が寒いので、キリギリスは、機織り女が横糸をまく管子《くだ》のように、
きりきりと鳴くのだ

「はたおりめ」は、文字通りには「機織り女《め》」で、すなわち、布を織ることを仕事にする女性の意味であるが、いっぽうで、「キリギリス」を意味する古名でもある。この歌は、そこを掛詞にして、秋に鳴くキリギリスは、雁がたてる羽ばたきの風が寒いと抗議して「きりきり」と鳴くのだ、ということと、機織り女が機を織るときに横糸を「きりきり」と引き絞るように、キリギリスが鳴くのだ、と詠んでいる。

ここで、「きりきり」は、キリギリスの鳴き声のような、〈ものとものとがこすれ合ってたてる、高くきしんだ音〉を意味している。また、それと同時に、管子に糸を〈引き絞るように巻き付ける様子〉という意味も表わしていると考えられる。

なお、この歌は、『班子女王歌合』（八九三年頃）には、「雁がねは風を寒みやはたおりめくだまく音のきりきりとする」というかたちで採録されている。これだと、自分に吹き付ける風が寒いと言って「きりきり」と鳴いているのは雁ということになる。

○ちかくの事なるべし。女ありけり。雲林院《うりんゐん》の菩提講《ぼだいかう》に、大宮をのぼりに参りけるほどに、西院《さいゐん》のへんちかくなりて、石橋ありける水のほとりを、廿《はたち》あまり、三十ばかりの女、中ゆ

ひてあゆみゆくが、石橋をふみ返して過ぎぬるあとに、ふみ返されたる橋のしたに、まだらなる蛇《くちなは》の、**きり〳〵**としてゐたれば、「石の下に蛇のありける」といふほどに、此ふみ返したる女のしりに立ちて、ゆらゆらとこの蛇の行けば、

（『宇治拾遺物語』四・五、一二一三〜一二二一年頃）

最近のことであったはずである。女がいた。雲林院の菩提講へと、大宮小路を北に向かって参ろうとしていたときに、西院のあたり近くなって、石の橋がある水のほとりを、二十歳は超えて、もう三十にもなろうかと思われる女が、［衣の裾を少し引き上げる］中帯を締めて歩いて行ったが、石の橋を踏んでひっくり返して通り過ぎたあとに、ひっくり返された橋の下に、斑《まだら》のヘビが、きつくとぐろを巻いていたので、「石の下にヘビがいたのだ」と［見ていた女が］思ううちに、この［石の橋を］踏んでひっくり返したほうの女のあとに、にょろにょろとこのヘビがついて行くので、

これは、雲林院の菩提講に参ろうとしていた女が、前を行く女の、石橋を踏んでひっくり返したところにヘビを見つけるという場面である。のちに、このヘビは、この石橋のしたに長く封じ込められていたもので、それを解放してもらったお礼をしようと、付いていったことが明らかになるのだが、そのヘビは、石橋がひっくり返されたあとに、「きりきり」としていたと

いうのである。この「きりきり」は、ヘビがとぐろを巻いている様子を意味しているのであるが、その具体的なありさまについてはさきに見た『古今和歌六帖』で、管子に糸を「きりきり」と巻いているという箇所が参考になる。つまり、単にとぐろを巻いているのではなく、〈きつく引き絞ったように巻いている〉とでも言うべき意味であると思われる。

この〈きつく引き絞る様子〉という感覚は、次のような例に受け継がれる。

○義顕《ヨシアキ》感涙ヲ押ヘテ、「加様《カヤウ》ニ仕《ツカマツ》ル者ニテ候。」ト申モハテズ、刀ヲ抜テ逆手《サカテ》ニ取直シ、左ノ脇ニ突立テ、右ノ小脇ノアバラ骨二三枚懸テ掻《カキ》破リ、其刀ヲ抜テ宮ノ御前ニ差置テ、ウツブシニ成テゾ死ニケル。一宮軈《ヤガ》テ其刀ヲ被召御覧ズルニ、柄口ニ血余リスベリケレバ、御衣ノ袖ニテ刀ノ柄ヲ**キリ〳〵**ト押巻《オシマカ》セ給テ、如雪《（ゆきのごとく）》ナル御膚《ハダヘ》ヲ顕《アラハ》シ、御心《ムネ》ノ辺《ヘン》ニ突立、義顕ガ枕ノ上ニ伏サセ給フ。

（『太平記』十八・金崎城落事、一三七四年頃）

［新田］義顕は、感涙を押さえて、「［自害とは］このようにいたすものでございます」と、申し上げる言葉も終えないうちに、右の小脇のあばら骨を、二三枚一緒に切り破り、その刀を抜いて、一宮［尊良《たかよし》親王］の御前に差し出して置いて、うつぶせになって死んでしまった。一宮は、すぐさま、その刀を手にとってご覧になると、柄口に血がいっぱい付いてすべるので、御衣の袖で刀の柄を強く引き締めてお巻きになられ、雪のように白い御肌を

あらわにして、胸のあたりに刀を突き立て、義顕の頭のうえに伏してしまわれた。

これは、金ケ崎城（福井県敦賀市）が落城する際に、尊良親王が、新田《にった》義顕にむかって、「自害とはどのようにするものか」と問うたのに対して、義顕が身をもって、そのやりかたを教えると、尊良親王もそのあとを追うという場面である。いささか血なまぐさい場面であるが、義顕の自害した際に用いた刀の柄には、血があふれんばかりに付いていたので、そこを衣の袖できつく巻いて、滑らないようにしたというのである。ここに用いられた「きりきり」は、まさに〈きつく引き絞る様子〉を継承したものと考えられる。同じ『太平記』には、次のような「きりきり」もある。

○広有已《スデ》ニ立向テ、欲引弓《ゆみをひかんとし》ケルガ、聊《イササカ》思案スル様《ヤウ》有ゲニテ、流鏑《カブラ》ニスゲタル狩俣《カリマタ》ヲ抜テ打捨、二《ニ》人張《ニンバリ》ニ十二《ジフニ》束《ソク》二伏《フタツブセ》、**キリ〳〵**ト引シボリテ無左右《さうなく》不放之《これをはなたず》、待鳥啼声《とりのなくこゑをまち》タリケル。

（『太平記』十二・広有怪鳥を射る事、一三七四年頃）

［隠岐二郎左衛門］広有は、まさに、［怪鳥に］立ち向かって弓を引こうとしたが、少々考えるところがある様子で、鏑矢に据えていた雁股を抜いて捨ててしまい、二人張の強弓に、十二束二伏の長さの矢をつがえて、厳しく引き絞り、たちどころに放ちはせずに、怪鳥が

啼いて出す声を「目当てにするべく」待っていた。

これは、広有が、宮中にかかる雲の向こうで啼いている怪鳥を、弓で射落とそうとしている場面である。広有は、射ると音が出る鏑矢を放とうとしていたのだが、矢の先端に付いている、金属でできた雁股を引き抜いてしまう。あとで、それは、矢が落ちたときに、御殿に落ちて屋根に突き刺さるのを恐れたからであり、また、雁股がなくとも、怪鳥に矢が当たれば致命傷になるという判断でもあったと知り、帝をはじめとする宮中の人々は感歎したのであった。また、「二人張」とは、二人がかりで弦を張るような強弓のことであり、十二束二伏とは、矢の長さを言い、こぶし十二箇と指二本分の長さを指す。そのような強弓であるから、弦を引くためにはかなりの力を必要とし、そのことから、「きりきり」という〈きつく引き絞る様子〉を表わすオノマトペが用いられているのである。

「きりきり」の新しい用法

「きりきり」は、中世で、さらなる意味を獲得する。

○キリ〳〵ト　ハタラク　キリ　如何　キヒレリノ反　キヒシキ義也　キリレリノ反　キレミ、スノ　ハタラキスト　イヘル義歟

（『名語記』六・キリ、一二七五年）

キリキリと働くのキリはどのようなものでしょうか。キヒ・レリの反で、厳しいという意味です。キリ・レリの反で、切れみ見ずの働きをするということでしょうか。

中世の語源辞書『名語記』は、「きりきりと働く」という言いかたがあることを伝えている。この辞書によれば、「きりきり」の「きり」は、厳しいという意味だとし、あるいは、「切れみ見ず（切れ目なく、という意味か）働く」の可能性も示唆している。これは、「きりきり」の〈きつく引き絞る様子〉をさらに抽象化して、〈強い緊張感を持ってよどみがない様子〉のような意味に展開したものだと考えると説明がつく。仕事に緊張感があれば、その仕事は、次から次へとはかどることになるからである。

そして、このような「きりきり」の用法は、近世にいたっても受け継がれている。

○下女の小糸いそがしげに、是、のら松、ひまのない旅籠《はたご》屋奉公。ことに今日は清原様とやら麦わら様とやら、お公家様の大客。うへつかたは物静かで御了簡も有るべきが、下々のくせに口わるく、膳がおそいのなんのとていぢらせてたもんなや。なぜに**きり〳〵**働きゃらぬ、きせるはわしが預かると、ひったくれば、喜之介エ、小やかましい。

（近松門左衛門『嫗山姥《こもちやまうば》』一、一七一二年頃）

下女の小糸が忙しそうに、「こら、怠けもん、［私たちは］ひまのない旅籠屋の奉公だ。特に今日は、清原《(きよわら)》様だか、麦わら様とかいうお公家様の大事なお客。身分の高いかたがたは、ことを荒立てずに、ご勘弁もして下さるだろうが、身分が低いものの習いで、口が悪くて、膳を出すのが遅いとかなんとか、うるさくせっつかせないでもらいたい。どうして、手際よく働こうとしないのか、［お前の吸っている］煙管は私が預かる」と、ひったくると、喜之介は、「ええい、小うるさい」。

これは、喜之介が、多くの料理を手際よく作り終えて、息休めに煙草をくわえて立っていたところを、下女が見とがめて小言を言う場面である。

○悪魂《あくたましゐ》どもついに理太郎が皮肉《ひにく》へわけ入、善《よ》き魂《たましゐ》の女房、ふたりの男子をおい出しければ、三人手を引合つて、年久しくすみなれし、からだを立退《たちの》くこそあわれなり。これより理太郎は大のどら者となり、四五日ヅヽ居続《ゐつゞ》けする。魂《たましゐ》われ竹にておいだす。
（悪魂）「**きり〳〵**立つてうしやアがれヱヽ。」
（善魂）「今におもい知らせん。」

（山東京伝『心学早染草』、一七九〇年）

悪い魂どもが、ついに理太郎の肉体に入り込み、善い魂を持つ女房とふたりの息子を追い出したので、［善い魂の］三人は、手を取り合って、長い間住み慣れた［女房と息子の］体を立ち退くのは、気の毒なことである。このときから、理太郎は、ひどい放蕩者《ほうとうもの》となって、［遊郭に］四五日ずつ、居続けをする。［悪い］魂が［善い魂を］割れ竹で叩いて追い出す。（悪い魂）「さっさと立っていっちまえ」（善い魂）「今に思い知らせてやる」

この例では、〈強い緊張感を持ってよどみがない様子〉のうち、〈強い緊張感を持って〉の部分よりも〈よどみがない様子〉というほうに重みが掛かっていると言える。一方、この〈強い緊張感を持って〉のほうに重みが掛かり、かつ肉体的なほうに向かうと、〈（緊張感のせいで）刺し込んでくるように痛む〉という意味になる。

○その夜もあくる日も、おなかの痛む名残ありて、夕《ゆふべ》の煙《けふり》はゐどころに立ち、野辺の虫はお中に鳴く。降りみ降らずみ打時雨《うちしぐれ》たる空のやうに、しよんちよとしぶり、ほがみさしつゝ、こと**きり〱**と病む。

（『福富長者物語』、一五七〇年頃）

その夜も翌日も、お腹が痛んで［くだる］病状が残って、夕方の煙のようなものが尻のあたりにたち、野辺の虫のようなものが腹のなかで鳴る。降ったり降らなかったりする秋の

小雨のように、出てもちょっとしか出てこない、しぶり腹になって、下腹にさし込んで、
引き絞るように痛む。

これは、主人公の福富長者が、お腹をこわしている場面の描写である。こわしたお腹の下腹のほうが、するどく刺し込んでくるように痛む様子を「きりきり」で表わしている。この「きりきり」は、あるいは、揉《も》み錐《きり》で刺し込んでくるようなイメージなのかもしれず、そのような可能性は含みつつも、これまで見てきたような〈きつく引き絞る様子〉の「きりきり」が関与したものと言ってよいであろう。

ちなみに、幕末の、ヘボンによる辞書『和英語林集成初版』（一八六七年）には、「きりきり」が立項されている。

○KIRI-KIRI, キリキリ、切切、*adv.* Quickly, speedily; in a cutting manner. — *itte koi*, go quickly. — *tate*, clear out quickly. — *itamu*, to pain, or smart severely. *Koma ga* — *mau*, the top spins round.

KIRI-KIRI TO, キリキリト、*adv.* The creaking sound of a bow when drawn to its utmost. *Yumi wo* — *hiki-shiboru*.

ここでは、「きりきり」に、「切」という語源意識が働いていることが興味深く、また、弓をいっぱいに引き絞るほうは、別のものとして捉えられていたことも分かる。

近代の「きりきり」

近代の「きりきり」の例はどうであろうか。

○ああわたしはしつかりとお前の乳房を抱きしめる、
お前はお前で力いつぱいに私のからだを押へつける、
さうしてこの人気のない野原の中で、
わたしたちは蛇のやうなあそびをしよう、
ああ私は私で**きりきり**とお前を可愛がつてやり、
おまへの美しい皮膚の上に、青い草の葉の汁をぬりつけてやる。
（萩原朔太郎『月に吠える』愛憐、一九一七年）

この例の「きりきり」は、さきに見た、〈きつく引き絞る様子〉で解釈できる。蛇のイメージが盛られているところも、さきに見た『宇治拾遺物語』の例とも関連して興味深い。また、

「きりきり」は、宮沢賢治の『風の又三郎』では、二種類の意味で用いられている。

○その時風がざあっと吹いて来て土手の草はざわざわ波になり運動場のまん中でさあっと塵があがりそれが玄関の前まで行くと**きりきり**とまはって小さなつむじ風になって黄いろな塵は瓶をさかさまにしたやうな形になって屋根より高くのぼりました。

（宮沢賢治『風の又三郎』、一九三四年）

○先生は向ふで一年生の子の硯《すずり》に水をついでやったりしてゐましたし嘉助は三郎の前ですから知りませんでしたが孝一はこれをいちばんうしろでちゃんと見てゐました。そしてまるで何と云ったらい丶かわからない変な気持ちがして歯を**きりきり**云はせました。

（宮沢賢治『風の又三郎』、一九三四年）

前の例は、風が巻き上がって、つむじ風のようになる様子を、「きりきり」で表わしているが、これは、さきに見た〈きつく引き絞る様子〉という線で解釈ができよう。あとの例は、歯をきしませて、「きりきり」言わせるというのであるから、〈ものとものとがこすれ合ってたてる、きしんだ音〉である。ちなみに、「きりきり舞い」という言いかたも近代から見られるが、これも、片足で体をきつく引き絞るように回転して踊る様子が、あたかも、なにものかによってなすすべなく回転させられているかのように見えるというところから生まれた言葉である。

〇さう周囲が真暗なため、店頭に点《つ》けられた幾つもの電燈が驟雨《しゆうう》のやうに浴せかける絢爛《けんらん》は、周囲の何者にも奪はれることなく、肆《ほしいまゝ》にも美しい眺めが照し出されてゐるのだ。裸の電灯が細長い螺旋棒《らせんぼう》を**きりきり**眼の中へ刺し込んで来る往来に立つて、また近所にある鎰屋《かぎや》の二階の硝子《ガラス》窓をすかして眺めたこの果物店の眺めほど、その時どきの私を興がらせたものは寺町の中では稀《まれ》だつた。（梶井基次郎『檸檬』、一九二五年）

また、この例は、裸電灯の光線が目に強烈に入り込んでくる感覚を、「螺旋棒をきりきり眼の中へ刺し込んで来る」という比喩によって表現したものである。〈鋭く刺し込んで来る様子〉という「きりきり」は、さきに見たものであるが、ここでそれが「螺旋棒」というものでたとえられているところが、注目に値する。すなわち、刺し込んでくるとしても、それは、直入ではなく、螺旋棒のようにねじって回転させながら、というところが興味深い。「きりきり」は、揉み錐と関わりがあるかもしれないというようなことを前述したが、「きりきり」の本質的な表現性は、まさにこの螺旋的な動きにあったわけである。

「ぎりぎり」の展開

「きりきり」に対して、清濁の関係にある「ぎりぎり」の例は、中世から見出すことができる。

○ワクト云物ヲ〆《しめ》ソレヲクル〳〵トマワイテ　イトヲクリ付ソ　ナ《ママ》［ホか］ドク時モソレヲ転スルソ　車ノヤウナヲ　ワクヲクルヲトガ　民村ノ南北ソコ〳〵ニヒ、イタソ　**ギリ〳〵**ト　ナルソ

（『玉塵抄《ぎょくじんしょう》』五十一・六・麻、一五六三年）

ワク（糸車）という物を締め、それをくるくると回して、糸をくくりつけるのです。ほどくときも、それを回転させます。車のような、ワクを繰る音が民の暮らす村の南北のそこここに響いたのです。ギリギリと鳴ります。

『玉塵抄』とは、中世における『韻府群玉《いんぷぐんぎょく》』という書物の講義録であり、引用例中に見える「ソ（ぞ）」は、その講義の際の文末に付けられる特有の助詞である。この例は、ワクという、綛糸《かせ》（糸を枠に一定回数巻きつけたあと、取り外して束ねたもの）を巻きとるための道具を使って糸巻きをする様子を述べたものである。ワクは、真ん中に軸があってそれを回転させながら糸を巻きとるのであるが、そのワクを回すときに出る音を、「ぎりぎり」と言い表わしている。

「きりきり」が、〈ものとものとがこすれ合ってたてる、高くきしんだ音〉であるのに対して、

「ぎりぎり」は、〈ものとものとがこすれ合ってたてる、重くきしんだ音〉であり、一般的なオノマトペの清濁の対応にかなったものとなっている。このような「ぎりぎり」は、後にも見出すことができる。

○宵《よひ》ツぱりの朝寐《あさね》坊《ぼう》ときてゐるから、人を集めておもしろくもねへ芝居ばなしを、べヱん〳〵として、そのあげくは寒《さふひ》からぶつかけを食てへのと、さんざつぱらあばれ食をしてお寐《しづま》ると高鼾《たかいびき》だ。息子どのの寐言《ねごと》と掛合《かけゑへ》に**ギリ〳〵**歯を咬《かむ》といふもんだから、やかましくて寐《ね》つかれねへ。

（式亭三馬『浮世風呂』二・上、一八〇九〜一三年）

夜更かしをして朝寝坊をするというあんばいだから、ひとを集めて面白くもない芝居の話をながったらしくしたその挙句、寒いから［汁の］ぶっかけ飯を食いたいだのと、さんざん、無茶な食べかたをして、寝込んでしまうと高いびきをかく。［一緒に寝ている］息子どのの寝言と掛け合いで、ギリギリと音をたてて、［歯ぎしりの］歯がみをするということだから、うるさくて寝付けない。

この例は、歯ぎしりの音を「ぎりぎり」で表わしているのであるが、これも、〈ものとものとがこすれ合ってたてる、重くきしんだ音〉で解釈できる。

ところで、「これでもう体力はぎりぎりです」のような、〈これ以上は無理で限界である様子〉を意味する「ぎりぎり」も、近世には見出すことができる。

○北八「ヌ、じれつてへ。コリヤアうらねへのか、どふだな　ていしゆ「ハイ〳〵かうじやわいな　北八「やすくしてくんねへ　ていしゆ「ソノ紺のおひゑじやな　トそろばんばつち〳〵　三拾五匁とんと**ぎり〳〵**じやわいな　北八「たかい〳〵。わつちらはゑどものだが、古着は商売がらで、いくらもとりあつかつてゐるから、やるもんじやアねへ。ほんとうの所をいひなせへ

（十返舎一九『東海道中膝栗毛』七・上、一八〇八年）

北八「ええ、じれったい。こりゃ、売らないのか、どうだね」　亭主「はいはい、買うのですね」　北八「安くしてくれよ」　亭主「その紺の綿入れですね」　と算盤をぱっちぱっち弾いて、「三十五匁、まったくこれが限界ですね」　北八「高い、高い。わしらは江戸者だが、古着は商売上、いくつも取り扱っているから、偽りを言ってはいけない。本当のところを言いなさい」。

けれども、この「ぎりぎり」は、本来は、オノマトペの「ぎりぎり」とは異なる可能性がある。〈限界・限度〉を意味する言葉に「きり」という語がある。「きりがない」の「きり」であ

る。この「きり」の「き」を濁らせた「ぎり」を、さらに重ねたものが「ぎりぎり」であるという考えかたがある。それに従えば、〈これ以上は無理で限界である様子〉の「ぎりぎり」は、オノマトペではないことになる。

とはいえ、少なくとも現代では、「ぎりぎり」の「ぎり」と〈限界・限度〉の「ぎり」を結びつけて考えられることはそうないようにも思われるから、もはや、オノマトペの仲間入りをしていると言っていいのかもしれない。近代では、むしろ、この〈これ以上は無理で限界である様子〉を意味する「ぎりぎり」の使用のほうが目立ち、なにか強く少しずつ片一方に押しつけていくようなイメージさえ持つのである。

○自分はいきなり拳骨《げんこつ》を固めて自分の頭をいやと云ふ程擲《なぐ》つた。さうして奥歯を**ぎり〳〵**と嚙《か》んだ。両腋《りやうわき》から汗が出る。背中が棒の様になつた。膝の接目《つぎめ》が急に痛くなつた。膝が折れたつてどうあるものかと思つた。けれども痛い。苦しい。無《む》は中々出て来ない。

（夏目漱石「夢十夜」第二夜、一九〇八年）

○三厩《みまや》から浪打際の心細い路を歩いて、三時間ほど北上すると、竜飛《たつぴ》の部落にたどりつく。文字どほり、路の尽きる個所である。ここの岬は、それこそ、**ぎりぎり**の本州の北端である。

（太宰治『津軽』二・蟹田、一九四四年）

以上を整理すると、次のようになる。

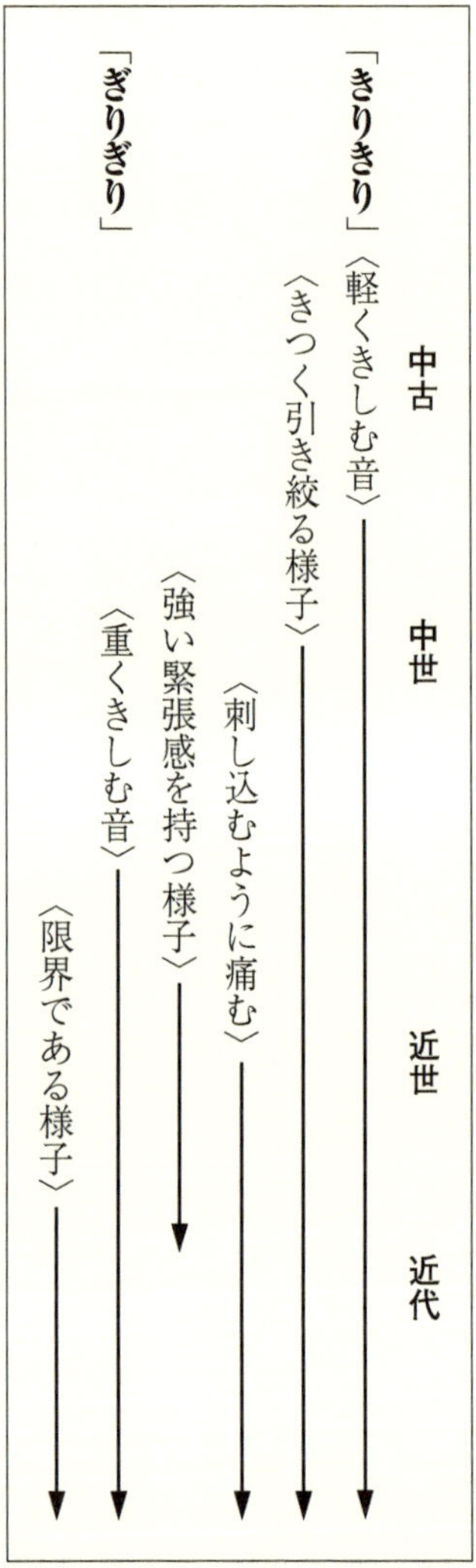

第六節　さくさく　ざくざく　さっくり　ざっくり——擬態語から擬音語へ

軽快感の「さくさく」

「さくさく」は、現代においてよく耳にするオノマトペのひとつで、〈ものごとが軽快によどみなくすすむ様子〉を意味している。たとえば、仕事が遅滞なく「さくさく」はかどったら、さぞや快感であろう。現代では、「さくっと」という新しい言いかたも、よく用いられるが、「さくさく」のほうは、中世から例が見られる。

○あさましと見たる程に、五石なはの釜を五六舁《か》きもてきて、庭にくゐどもうちて、据ゑわたしたり。何の料ぞと見るほどに、しぼぎぬのあをといふ物着て、帯して、わかやかにきたなげなき女共の、しろくあたらしき桶に水をいれて、此釜どもに**さく〳〵**と入る。なにぞ、湯わかすかと見れば、この水と見るは、みせんなりけり。

（『宇治拾遺物語』一・十八・利仁芋粥事、一二一二〜二一年頃）

［余りのひとの多さに］呆れ果てて見ているうちに、五石入る釜を、五つ六つかついで持ってきて、庭に杭などを打って、置き並べた。なんのためかと思って見るうちに、しぼ衣の襖《あを》というものを着て帯を締めた、初々しげで小ぎれいな女たちが、白く新しい桶に水を汲んでは、この釜によどみなく入れる。なんということか、お湯を沸かすのかと思っていたら、この水だと思っていたのは、甘葛の煮汁であったのだ。

これは、芥川龍之介「芋粥」（一九一六年）の原話にもなっている説話の一節である。ここでの「さくさく」は、「水（実は、甘葛の煮汁）」が、桶から釜に移される際に、よどみなく流れ落ちる様子を表わしている。水の流れ落ちることに対して、現代では「さくさく」は用いないかもしれないが、〈ものごとが軽快によどみなくすすむ様子〉という点では、基本的には、現代の「さくさく」と重なるように思われる。なんとなく、現代の「さくさく」は、これまでにない意味合いで用いているような感覚があるが、実は、伝統的な用法をくむものなのである。

同じく中世の語源辞書『名語記』にも説明がある。

○ネハリナキ物ヲハ　**サク〳〵**トイヘル　サク如何　サラケクノ反　サラハ　サヽラカ　サ

ハラカノ反　　　　　　　　　　　　　　　　（『名語記』六・サク、一二七五年）

ねばりのない物をサクサクと言うときの、サクとはどのようなものでしょうか。サラ・ケクの反で、サラは、ササ・ラカとかサハ・ラカの反です。

この辞書特有の説明方法で、「さくさく」の「さく」は、「さら・けく **sara keku**」に由来する（「さら」「けく」それぞれの、前の音の子音と、後ろの音の母音が結びついて、saku となる）と説明し、さらに、その「さら」は、「ささらか」とか「さはらか」に由来すると説明している。「さらけく」とか「ささらか」は、残念ながら実証できる例が見当たらないが、「さはらか」ならば実例を見出すことができる。

○小舎人童《こどねりわらは》　ちひさくて、髪いとうるはしきが、筋**さはらか**に、すこし色なるが、声をかしうて、かしこまりて物などいひたるぞ、らう〳〵じき。（『枕草子』小舎人童、一〇〇〇年頃）

小舎人童（貴人の雑用に使われる少年）。小さくて、髪がとても端正であるものが、毛筋も整い、すこしつやがあるのが、声も魅力的で、礼儀正しくものを言ったりするのが、いかにも気が利いている。

髪の毛筋が「さはらか」というのは、さっぱりと清らかで、細く流れるようであるというところから、『名語記』での「さくさく」も、それをうけて、よどみない様子と捉えられているとみてよいだろう。

「さくさく」は、近世初期の『日葡辞書』にも詳しい記述がある。

○ Sacurito. サクリト（さくりと）副詞。抜け目なく、敏活に、てきぱきと。¶ Sacurito xita fito.（さくりとした人）敏活で、てきぱきした人。

Sacusacuto. サクサクト（さくさくと）副詞。同上。例、Sacusacuto monouo yŭ fitogia.（さくさくと物を言ふ人ぢや）あの人は、機敏に、きっぱりと物を言う人である。¶また、梨とか柿とかのように、固いままで熟した物が、歯で噛み割られたり、噛み切られたりするするさま。

（『日葡辞書』、一六〇三～〇四年）

「さくさく」は、『日葡辞書』では、「さくりと」に続いて載せられている。「さくさくとものを言う」という言いかたは、現代では聞かれないものになっているが、言えば通じるようにも思われる。この辞書で、「さくさく」の〈ものごとが軽快によどみなくすすむ様子〉の具体的現れである、抜け目なさ、敏活さ、てきぱきとした様子が意味記述されている点、また、ものを噛んだ食感についての「さくさく」についても言及されている点は、とても貴重である。ある程度の歯ごたえがあって、しかし、噛めばよどみなくきれいに割れていく、というのが特徴なのだが、その条件にあたる、「固いままで熟した物」という記述が見事にポイントを突いている。

「さくさく」は、近世の俳諧にもよく見られる。

○**さく〳〵**と藁くふ馬や夜の雪　旧国　（『俳諧新選』四・雪、一七七四年）

歯ごたえよく藁を食う馬の物音が廏から聞こえる、静寂な雪の降る夜である。

○**さく〳〵**と飯くふ上をとぶ蛍　（小林一茶『七番日記』、一八一二年）

汁かけ飯をよどみなく食っていると、その上に蛍が舞い込んできた、夏の夜である。

○そこ爰《ここ》に住なす家も訪《とひ》たくて　麦舟
さく〳〵と切る名物の梨子　碓令　（『あなうれし』、一八一六年）

そこ、ここと、ひとの住む家もゆかしく、つい訪ねてみたくなる。
歯切れよく、名物の梨を切る音も聞こえてくるので。

馬が藁を食う音、汁かけ飯を食う音（あるいは様子）、梨を切る音（これは、家の中から聞こえてくるのであろう）に、「さくさく」が用いられている。これらをまとめれば、〈軽快に、ものを嚙みきったり、切ったりする音（または、その様子）〉ということになろうか。「さくさく」は、近世以前は、どちらかと言えば擬態語だったのであるが、これらの例は、擬音語としての用法でもある。擬音語が擬態語としても用いられるというのは、よくあるが、擬態語が擬音語になるというのは、珍しい。とはいえ、〈ものごとが軽快によどみなくすすむ様子〉という中心線は、崩れていない。

また、「さくさく」は、噺本にも例が見える。

○ちよいとみると人目はよい。うへから茶漬とか汁かけめしとかいふと、中はがらんどう、びしや〱。おまへがたが一膳くう内には、わたしの方は二膳も三膳もくへる。どこの内でも茶づけといふと、**さく〱**とくうが、あたりまへじやが、こゝの内のは、さくりといふとなくなる。さくり切りの飯をくふははじめてだ。（『落噺千里藪』五、一八四一年）

ちょっと見ると、みてくれはいい。上から見れば、茶漬けとか汁かけ飯だが、中はがらんどうで［飯粒はなく、汁だけで］びしゃびしゃだ。あなたがたが、一膳食べるあいだに、私のほうは、二膳も三膳も食べられる。どこの家でも、茶漬けというと、さくさくと食べるのが当たり前だが、ここの家のは、さくりというだけでなくなる。さくりだけで終わるご飯を食べるのは、初めてだ。

この例からも、お茶漬けのご飯を食べる様子、あるいは、そのときにたてる音を「さくさく」で表わしていることが見てとれる。

近代の「さくさく」

近代における「さくさく」の例を見てみよう。

○其内ある日近所の辰さん兼さんが簌々《さく〳〵》簌簌《さくさく》と音さして悉皆《すつかり》堤の上の「萱と葭」を苅つて、束にして、持つて往《い》つて了《しま》ふ。

（徳冨蘆花『みみずのたはこと』低い丘の上から・三、一九一三年）

○二人は額から油汗をぢり〳〵湧《わか》した。其上に自分は実際昨夕《ゆうべ》食つた鯛《たい》の焙烙蒸《ほうろくむし》に少し中《あ》てられてゐた。そこへ段々高くなる太陽が容赦なく具合の悪い頭を照らしたので、自分は仕方なしに黙つて歩いてゐた。兄も無言の儘体《まゝ》を運ばした。宿で借りた粗末な下駄が**さく〱**砂に喰ひ込む音が耳に付いた。

（夏目漱石『行人』十七、一九一二〜一三年）

○夜になると風がやんでしんしんと寒くなつた。こんな妙に静かな晩には山できつと不思議が起るのである。天狗《てんぐ》の大木を伐り倒す音がめりめりと聞えたり、小屋の口あたりで、誰かのあづきをとぐ気配が**さくさく**と耳についたり、遠いところから山人《やまふと》の笑ひ声がはつきり響いて来たりするのであつた。

（太宰治「魚服記」三、一九三三年）

『みみずのたはこと』の例は、萱と葭を鎌で刈る音、『行人』の例は、下駄の歯が砂に食い込む音、「魚服記」の例は、あずきをとぐ音であり、これらも擬音語として用いられていることが分かる。意外にも、擬音語でない例はなかなか見つけづらい。

○生えているのに気が付いたのを倖い、大袈裟に言うので、銭湯の帰り、散髪屋へ立ち寄ってあたってもらった。

剃刀《かみそり》が冷やりと顔に触れた途端、どきッと戦慄《せんりつ》を感じたが、やがて**さくさく**と皮膚の上を走って行く快い感触に、思わず体が堅くなり、石鹸と化粧料の匂いの沁みこんだ手が顔の筋肉をつまみあげるたびに、体が空を飛び、軽部を想い出した。
（織田作之助「雨」一、一九三八年）

この例も、擬態語のようでもあるが、剃刀が皮膚の上を走るときには、微《かす》かではあるが音をたてるようにも思われるので、完全な擬態語であるとも言いづらい。というわけで、意外にも、「さくさく」は、擬音語の時期があった、しかも、それは、そう遠くない過去にあったということを認めざるをえないのである。実は、現代のわれわれも、たとえば、「白菜をさくさくと音をたてて切る」と言われたとしても、あまり抵抗感がないのではないかとも思う。

そのように考えると、現代、普通に用いている「さくさく仕事がはかどる」というのは、意味の面では、たしかに古くからの軽快感を継承してはいるものの、「さくさく」を仕事の進み具合に対して、しかも、擬態語として用いているというのは、やはり、新しい用法だということになろう。

「ざくざく」の展開

「さくさく」の濁音対応形「ざくざく」は、どうなっているであろうか。「ざくざく」といって思い出すのは、「裏の畑でポチが鳴く」で始まる唱歌「はなさかぢぢい」（一九〇一年）の「大判小判がざくざくざくざく（歌の実際の感じは、「ざあくざあく、ざっくざく」であるが）」であろうか。ここに、なぜ「ざくざく」が使われたのだろうか。また、これと、さきに見た「さくさく」との関係はどうだろうか。

「ざくざく」は、近世から見られるものであるが、「ざくざく汁」というかたちでも出てくる。

○予正月七日に、或《ある》天台宗へ参侍て、菜汁を振舞《ふるまは》れて云く、寺でくふくうじやくざくの菜汁哉。菜を麁相《そさう》に切てせしむるを世人詞《せじんことば》にざく〴〵汁と云り。又彼《かの》宗の根本空空寂寂之法を以《もつて》肝要とす。然《（しかる）》を、じやくざくと云しは両意之挨拶成へき歟《か》。表は菜汁をほめ裏には宗意を司《つかさど》れり。

（『世話尽』四・二十五・誹諧制法之事、一六五六年）

私が、正月七日に、ある天台宗の寺に参りまして、菜汁をご馳走されて云ったのは、「寺で食う、宗門の教えにかなう、空寂の味わいのする、おおまかに切った菜の汁ですよ」だった。野菜をあらく切って料理したものを、世の人の言い方では、ざくざく汁と言っている。また、かの宗門の根本の教えは、「空空寂寂」ということをもって最も重要なものと考える。それなのに、[「じゃくじゃく」ではなく]「じゃくざく」と言ったのは、両方の意味をかけた挨拶[の句]であったというところか。表では菜汁を賞め、裏では宗門のこころを担っているのだ。

ここで、「ざくざく」は、〈野菜をあらく、おおまかに切る様子〉を表わしている。これは、〈軽快に、ものを嚙みきったり、切ったりする音（または、その様子）〉の「さくさく」に対応している。意味の記述を、前述の「さくさく」と対応させれば、〈手ごたえを感じながら、大まかに（野菜を）切る音（または、その様子）〉ということになろうか。清音の「さくさく」では〈軽快に〉となるが、濁音の「ざくざく」だと、すこし重みが加わり、それが〈手ごたえ〉という感触に結びつく。また、そのような〈手ごたえ〉を感じながら、ある種豪快に切っていけば、野菜の切り方も、自然に〈あらく、おおまかに〉なることだろう。現代でも、「ざく切り」という言いかたがあることも思い起こされる。

というわけで、「ざくざく汁」の「ざくざく」は、清音の対応形「さくさく」との強い結びつきが認められるのである。

さて、それと前述の「大判小判がざくざく」とは、どのような関係にあるのだろうか。結論から言うと、この「ざくざく」は、〈多くの大判や小判どうしが触れ合ってたてるあらい音（または、その様子）〉と見るのがよいと思われる。「ざくざく」を単に〈大量にある様子〉とする考えかたもあるようだが、「ざくざく」は、これまで見てきたように、歴史的かつ体系的に考えれば、やはり、それ自体が〈大量にある様子〉という意味であったとは考えにくい。もちろん、大量にあればこそ、それらが触れ合ってあらい音が立つのではあろうから、〈大量にある様子〉という要素は必要条件ではあろうが、「ざくざく」の本質を突いてはいない。

近代の「ざくざく」には、次のような例がある。

○顔は漸《やうや》く自力で洗つた。飯はどうなる事かと、又のそ〳〵台所へ上つた。所へ幸《さいは》ひ婆さんが表から帰つて来て膳立《ぜんだ》てをしてくれた。難有《ありがた》い事に味噌汁《みそしる》が付いてゐたんで、こいつを南京米《ナンキンまい》の上から、ざつと掛けて、**ざく〳〵**と搔き込んだんで、今度《こんだ》は壁土の味を嚙み分けないで済んだ。

（夏目漱石「坑夫」、一九〇八年）

○縹緻《きりよう》もよければ姿もよくて、しかも優しいあのお菊だ、自分の娘ながらりっぱなものだ、嫁に貰い手など**ザクザク**あろう。あるともあるとも大ありだ。

（国枝史郎「娘煙術師」見てはいけないものを、一九二八年）

○田島は、ウヰスキを大きいコップで、ぐい、ぐい、と二挙動で飲みほす。けふこそは、何とかしてキヌ子におごらせてやらうといふ下心で来たのに、逆にいはゆる「本場もの」のおそろしく高いカラスミを買はされ、しかも、キヌ子は惜しげも無くその一ハラのカラスミを全部、あつと思ふまもなく**ざくざく**切つてしまつて汚いドンブリに山盛りにして、

（太宰治「グッドバイ」怪力・三、一九四八年）

「坑夫」の例は、汁かけ飯を食う様子に用いられているが、さきに見た「さくさく」と食うよりも、勢いがあって乱雑な様子が「ざくざく」ということになって濁音対応形としての特徴がよく出ている。「娘煙術師」の例は、嫁のもらい手が「ざくざく」あるという言いかたで、面白い用法である。「大判小判がザクザク」は、〈多くの大判小判が触れ合ってたてるあらい音〉だと前述したが、この例は、それを継承しながら、〈大量の〉のほうに重みが移ったような感がある。「グッドバイ」の例も、カラスミを切ってしまう様子なのであるが、カラスミは小さいものなので、野菜のような豪快さはないけれども、本来薄めにスライスして味わうべきカラスミを、頓着なく厚ぼったく切っているという様子が、「ざくざく」から伝わってくる。

「さっくり」の展開

「さくさく」の「さく」に、促音「っ」を入れて、「り」を付けた「さっくり」についても見てみよう。「さっくり」も、近世からの例を見ることができる。「さくさく」が、連続的な動作や状況をいうのに対して、「さっくり」は、瞬間的であったり、比較的短い時間について、〈軽やかである様子、なんの心配もない様子〉を表わしている。

○さつくりと飛《とび》こす岸の砂落て　　五雲　　（『物いふも』、一七六九年）

軽やかに飛び越した［と思ったら］岸の砂が川にさらさらと落ちてしまった。

この句の「さっくり」は、本来的には「飛こす」にかかっているのであろう。川を軽々と跳び越えたのである。そんなに広くはないのであろう。あるいは、なんとか跳び越せるのではないかと思える程度の川か。案の定、川そのものは軽々と跳び越えることができた。しかし、そう思ったとたんに、着地した岸の砂が川にずり落ちて、一瞬ひやりとしたというところであろうか。そうすると、この「さっくり」は、「砂落ちて」とも呼応するようにも思われる。「さっくり」川を跳び越したら、「さっくり」砂も落ちた、というように。これはなにか、川を跳び越えたという話だけにとどまらない、日常にひそむ、しおおせたと思ったとたんの落とし穴のようなことまで言っているのかと思いたくなるような句である。

○大和のへぐり谷から、ほつくり〳〵出て来て、玉つくりに世帯して、わづかの元銀《もとで》にて、がつくりそつくりして、節季はいつてもぎつくり〳〵していたが、ちつくりひやうしが直てくると、ひよつくり〳〵金もうけができ、今はむかしにひつくり返して、すつくりと大金をもち、とつくりとしあんして、しつくりとしづまり、ゆつくりとした身上《しんせう》になつて、**さつくり**とよい正月、こたつにぬつくりねころんでいる所へ、門口《かどぐち》から、でつくりとした男が四五人つゝくりと立。びつくりしてむつくりと起かへり見れば、ふつくり御繁昌《ごはんせう》。

（『新噺庚申講』四・大黒舞、一七九七年）

大和［奈良］の平群谷から、ゆるゆると出てきて、［浪速の］玉造に住んで、［はじめは］少しの元手から、ちぐはぐな商売をして、決算期がきても［もうからないと］ずっとびくびくしていたが、些細なことで［商売の］風向きが変わってくると、思いがけなくも金もうけができて、［貧しかったのも］今は昔のことと逆転して、かさの高い大金を持ち、十分に先行きを考えて、穏やかに平穏な商売をして、余裕のある身代となり、なんの心配もない軽やかな気分でよい正月を迎えて、こたつに温かく寝転んでいるところへ、家の入り口に太った男が四五人、じっと立っていた。驚いてゆるゆると起き上がって見ると、［大黒舞の面々が］「ふっくりご繁昌」と祝い事を言う。

この話は、「さっくり」のような、促音「っ」と「り」を持つオノマトペ尽くしのような観を呈していて面白い。大黒舞は、正月に行なわれた門付け芸のひとつ。門口の「でつくりとした男」四五人は、大黒舞を踊りに来た芸人か。「ふっくり」は、肥えてふくよかな様子。最後のオチも、促音「っ」と「り」を持つオノマトペで終わるという趣向なのであろう。

次に、近代における「さっくり」の例も見てみよう。

○新「ヘヱ有難う御坐い升、私はネ此地《こちら》へ参りまして未《ま》だ名主様へ染々お近付にも成ませんで、兄貴が連れてお近付に参ると云って居り升が、何《なん》だか気が詰ると思ってツイ御無沙汰をして参りませんので
賤「なに気が詰る所《どころ》どころぢゃ無い、**サックリ**能《よ》く理解《わかつ》た人だヨ、私を娘の様に可愛がって呉れるから一寸《ちよつと》お寄りな……、ネー作さん

（三遊亭圓朝「真景累が淵」、一八八七年頃）

○私《わッち》も新吉《しんき》もお前さんもお互に江戸子《えどツこ》で妙なもので村の者ぢゃ話しが合《あは》ネーから、新吉と私は兄弟分《けうでえぶん》になり、兄弟分の好《よし》みで、互ヱ《たげ》に銭がねえと云ゃアソレ持てけといふやうに腹の中を**サックリ**割った間柄、新吉の事を悪く云ふ奴が有ると、何《なん》でヱと云って喧嘩もする様な訳で……

（三遊亭圓朝「真景累が淵」、一八八七年頃）

○意外にも安寿の顔からは喜《よろこび》の色が消えなかつた。「ほんにさうぢや。柴苅に往《ゆ》くからは、わたしも男ぢや。どうぞ此鎌で切つて下さいまし。」安寿は奴頭《やつこがしら》の前に項《うなじ》を伸ばした。光沢《つや》のある、長い安寿の髪が、鋭い鎌の一掻《ひとかき》に**さつくり**切れた。

（森鷗外「山椒大夫」、一九一五年）

「真景累が淵」には、二回「さっくり」が出てくるが、「さっくり能く解った人」というのは、妙なわだかまりのない率直な性格ということであり、「腹の中をサックリ割った間柄」というのは、お互いに腹の内をきれいに割って見せ合ったような、なんのわだかまりも隠しごともない仲ということである。両方とも、〈軽やかで、なんのわだかまりもない様子〉のような説明が可能である。「山椒大夫」の例は、「さくさく」でも見られた〈軽快に、なんの滞りもなくものを切る様子〉の意味である。

「ざっくり」の展開

さて、「さっくり」の濁音対応形、「ざっくり」のほうはどうであろうか。「ざっくり」は、近世から例の見られるオノマトペである。

○（毘沙門）「いで〳〵さらはわらん　とて、南蛮《なんば》の鉾を取なをし、まんなかから、**ざつくり**とふたつにわる、見事なありのみじやに依て、水がたまつた、是は毘沙が得分にせうといふて吸う。

（虎明本狂言『連歌毘沙門』、一六四二年）

［毘沙門］「さあさあ、それでは［梨の実を］割ろう」と言って、南蛮鉄の鉾を持ち直して、真ん中から力強く切り下げてふたつに割る。「見事な有りの実であるから、水分が下に落ち

てたまった。これは、私、毘沙の取り分にしよう」と言って吸う。

これは、友人の男同士が、鞍馬寺詣でをして信心したところ、梨の実（原文では、「梨」が「無し」に通じて縁起が悪いので、「ありのみ」と呼んでいる）を多聞天から賜ったのだけれども、ふたりのどちらが取るかでいさかいになったので、そこに毘沙門天が現れて調停し、南蛮鉄製の鉾で、真っ二つに割って、ふたりに分け、割るときに出た水分は自分の取り分にした、という場面である。梨を鉾で切り分ける際、毘沙門天だから、力強く「ざっくり」と切り下げたという設定が可笑しいが、まさに、この「ざっくり」は、さきに見た〈軽快にものを切る様子〉の「さっくり」に対応した〈力強くものを切る様子〉という意味で解釈することができる。

○**ざつくり**とつかんだところを母おさへ　（『誹風柳多留』二十、一七八五年）

箱の中の銭を、息子が手を入れておおまかにつかんで逃げようとしたまさにその瞬間、母親がその手を押さえた

これは、「ざくざく」で見た、〈多くの大判や小判どうしが触れ合ってたてるあらい音（または、その様子）〉を援用して解くのがよいと思われる。大判小判はさすがに望めないので、この

場合は銭だとして、商売をしている家で、銭箱に銭が入っているとみるのがよいのではないか。銭箱のなかに無造作に手を入れて、つかめるだけつかむと、銭と銭とがふれ合って「ざっくり」と音がする、その気配を、はやくも聞きつけたか、あるいは、以前から素振りがおかしいと気を付けていた母親に見とがめられて、銭をつかんだその手を押さえられた、というのである。

近代の「ざっくり」も見てみると、次のような例がある。

○「何時《いっ》も何時頃にお休みだい。」と親しげに問ひかけながら、口不重宝な返事は待たずに、長火鉢の傍《わき》へ、つか〳〵と帰つて、紙入の中を**ざつくり**と摑んだ。疾《はや》い事、最《も》う紙に両個《ふたつ》。「一個《ひとつ》は乳母《ばあや》さんに、お前さんから、夫人《おくさん》に云わんのだよ。」

（泉鏡花「婦系図《おんなけいず》」十六、一九〇七年）

○其家には十四になる娘があつたので、当座は真面目に養蚕稽古《やうさんけいこ》もしたが、一年足らずで嫌になつてズル〳〵にやめて了《しま》ふた。但《たゞ》し右の養蚕家入門中、桑を切るとて大きな桑切包丁を左の掌《てのひら》の拇指《おやゆび》の根に**ざつくり**切り込んだ其疵痕《きずあと》は、彼が養蚕家としての試みの記念《きねん》として

今も三日月形に残つて居る。　　（徳冨健次郎『みみずのたはこと』千歳村・二、一九一三年）

「婦系図」のほうは、『柳多留』の状況と近いようであるが、紙入れ（財布）のなかに手を入れて、貨幣を無造作につかんで、ふたつ紙に包み、ひとつを乳母に渡すようにとこと付け、もうひとつはそれをこと付けた下女に渡して、手間賃と口止め料（「夫人に云わんのだよ」というところから分かる）としたのである。『みみずのたはこと』のほうは、大きな桑切包丁で親指の根元に切り込んだ様子について、「ざっくり」と表わしたものである。この「ざっくり」も、さきに見た『連歌毘沙門』で、梨の実を、〈力強く切る様子〉に用いられた場面の類例と言ってよかろう。

ところで、最近、少し別の意味あいの「ざっくり」という言いかたをよく耳にする。「ざっくりと説明させていただきますと……」などと前置きをして説明する場面などが、その典型のひとつである。この「ざっくり」は、今まで見てきた「ざっくり」と、どういう関係があるのだろうか。

「ざっくりとした説明」とは、こまごまとしたところは避けて、要点だけを骨太に述べるというようなニュアンスで用いられる。これまで見てきた「ざっくり」の例は、〈力強く切る様子〉であったり〈おおまかな様子〉の意味で用いられていたが、その評価は必ずしもプラスではなかった。現代の「ざっくり」は、そこに〈大胆さ〉とか〈爽快さ〉というプラスの評価を与えていると考えると理解しやすい。

これは、細かいことは気にしないで、重要な点だけを述べるところに、生まれる大胆さや爽快さなのであろう。そう考えると、たとえば、「大きめのセーターをざっくりと着る」などというときの、大胆さや爽快さも同様のものとして理解できよう。

以上述べてきたことを、ざっくりまとめると、次のようになる。

	中世	近世	近代
「さくさく」	〈よどみない様子〉→	〈なにかが軽快に行なわれる音〉→	
「ざくざく」		〈おおまかにものを切る様子（音）〉→	〈ものが触れ合うあらい音〉
「さっくり」		〈軽やかな様子〉→ 〈抵抗なく切れたり割れる様子〉→	
「ざっくり」		〈力強く切る様子〉→	〈おおまかな様子〉→

第七節　ぞっ――対象の限定

恐怖に「ぞっと」

「ぞっと」というオノマトペは、現代では、〈強い恐怖によって身がすくむ様子〉を表わすのが普通である。その恐怖は、たとえば、「ひとりで夜道を歩いていると、前のほうに、なにやら気味の悪い、白いものがふわふわ浮いているので、思わず**ぞっ**とした」のように目の前の様子や状況からくるものでも、あるいは、なにかを想像して感じるものでもよい。

歴史的に見ても、この〈強い恐怖によって身がすくむ様子〉の例は古くからある。『日本国語大辞典第二版』は、御伽草子『福富長者物語』の次の箇所を、その例として認定している（原文に戻って引用し直している）。

○おり来る人、「鬼の人くふなる、あな恐ろし」とて、逃げ侍るもあり。また、珍らしとて、見かへるも侍り。〔中略〕侍従殿、「犬の頻りて啼くは、もし盗人か、いで射殺さん」と、小弓持ちて出で給へど、鬼といふ声に、**そつ**として帰らせらるる。

やってくる人のなかには、「鬼がひとを食うということだ、ああ恐ろしい」といって、逃げるものもあります。また、それはなかなかないことだと振り返って見るものもあります。侍従殿は、「犬が頻りに啼くのは、もしかして、泥棒なのか、ならば、さあ、弓で射殺してやろう」と、小弓を持って外にお出になるけれども、「鬼だ」という声に、「そつとして」家の中にお戻りになる。

実は、原文に戻ると、この箇所は、「そつと」とあって、「ぞつと」とは表記されていない。もし、これが「ぞっと」の例であれば、御伽草子は室町時代末期のものとされるから、中世の例ということになる。しかし、この「そつと」には、濁点がついていない。古い時代の本には、必ずしも統一的に濁点がついていないから、この「そつと」は、「そっと」の可能性と「ぞっと」の可能性がある。

もし、「ぞっと」ならば、犬の啼く声に、泥棒でも出たのか、ならば射殺してくれようと、勇んで外に出た侍従殿は、「鬼だ」という声で、身がすくみ上がって、すごすごと家に戻った、ということになる。

しかし、「そっと」と考えても、ここは意味が通りそうである。勇んで外に出た侍従殿は、「鬼だ」という声で恐ろしくなり、〈ひそかにひとに気取られないように〉、屋敷のなかに戻った、という解釈である。〈ひそかにひとに気取られないように〉という意味の「そっと」は、この御伽草子が作られた時代には存在した意味であるので、その可能性も否定できないのである。だから、厳密に言うと、この例は保留としたほうがよいのかもしれない。

けれども、近世初期には「ぞっと」で〈強い恐怖によって身がすくむ様子〉の意味を表わす例は、いくつも指摘できるので、「ぞっと」が、その意味から始まっているということは問題ないと言ってよかろう。

○不レ氷而寒とは、恐懼の甚きを云へり。寒毛卓堅するほどに**ぞつ**として、振ひわななくこと也

（山崎闇斎『敬斎箴講義』江戸時代初期）

氷らないのに寒いというのは、恐ろしさの甚しいことを言っている。さむけだちするほど身がすくんで、ふるえおののくことである。

○こよひおくさまの御けしきには、**ぞつ**と身のけがよたちてあしもなへ心きへ、にぐるにとはうをうしなひし。

（『凱陣八島』四、一六八五年頃）

今夜の奥さまの御様子には、［私も］恐ろしさに身がすくんで体の毛も逆立ち、足にも力が入らず気も定かではなく、逃げようとしてもどこへ行けばいいか分からず。

「恐懼《きょうく》」とか、「寒毛卓堅」（さむけだち）するとか、「身のけがよたち」、「足も萎え」、「心も消える」というのであるから、これらは、明快に〈強い恐怖によって身がすくむ様子〉の例と考えてよかろう。

寒さに「ぞっと」

しかし、江戸時代には、現代のわれわれにはあまりなじみのない「ぞっと」の例がある。ひとつは、〈寒さで身が震えあがる様子〉の意味の例である。

○白雪を有明の月と見そこなひ
　旅立すれば**ぞつと**寒風　（『西山宗因千句』上・独吟、一六四九年）

この例は、春になってもまだ山に残る白雪を、有明の月、すなわち夜が明けても空に白くぼんやりと残る月と見誤って、風流ぶって旅に出ると、春といってもまだまだ冷たい風が身に吹き付けてきて、「ぞっと」するというものである。雪を月や花に見立てたりすることは、古くからの歌の伝統なのであるが、それを早合点したものが（「見そこなひ」という言いかたが、軽いおかしみを誘う）、寒風で冷めてしまったというわけである。

現代でも、「ぞっと」するときには、なにか身に冷たい感覚を生じることがあるから、この感覚は、よく理解できる。ただ、現在の「ぞっと」は、恐怖感のほうが本流で、冷たい感覚は、あくまでも付随的なものである。冷たい感覚だけを表わす「ぞっと」は廃れてしまった、と考えられる。

同じような例が、近世の小林一茶の句にもある。

○見るにさへ**ぞつと**するなり寒の水　（『八番日記』、一八二一年）

「寒」は、二十四節気のうちでも、もっとも寒さの厳しくなるころ。その時期の水は、見ただけでも「ぞっと」するというのである。通常は触覚で感じられる冷たさを、視覚として感じている点に、面白さがあるし、その感覚もよく理解できる。気温の低い戸外で、ソフトクリームをうまそうになめている友人に対して、「やめてくれよ、見るだけで凍えそうだ」などと言ったりすることは、現代でもありそうだ。

前掲の一茶の句には、「見てさへや惣身にひゞく寒の水」（『文化句帖』、一八〇六年）という

別案もあり、寒さは苦手だったようである。さらに一茶には、

〇信濃路や蕎麦の白さも**ぞっと**する

という句もある。「蕎麦の白さ」とは、蕎麦の花の色を言う。信濃路に一面に咲く蕎麦畑の花の白さを見ていると、その同じ信濃路に一面に雪の降り積もった情景が浮かんできて、身体が震えるような気分になる、というのである。『文政版句集』に再録されている同句には「老の身は今から寒さも苦になりて」と前書してあり、そのあたりの事情がさらにはっきりとする。ただ、この例を、〈強い恐怖によって身がすくむ様子〉とまで考えていいのかは、慎重を要する。現代のような、豪雪による雪害に苦しむ時代であれば、雪下ろしのことなどを考えて〈強い恐怖によって身がすくむ様子〉というように捉えうるのかもしれないが、そこまで考えることもないのかもしれない。

美しさに「ぞっと」

さて、江戸時代には、さらに変わった「ぞっと」がある。美しさに「ぞっと」するというものである。

○肴《さかな》舞《まひ》鍾馗の精霊《せいれい》あらはれて
ぞっとするほどきれな小《こ》扈従《ごしやう》
（『大坂独吟集』上、一六七五年）

肴舞とは、元来は、酒宴の場で舞われるものであるが、ここでは、転じて、病気が平癒した祝いの舞を言う。鍾馗は、病魔を払う神であり、句の意は、病気平癒の祝いの舞に、鍾馗の精霊もたち現れて、病魔を払うことを請け負いつつ、祝っているようだということである。それに付けられた「ぞっとするほどきれな」の「きれな」は、原文もこの通りなのであるが、意味としては「きれいな」ということであろう。また、「小扈従」は、まだ元服していない年若い小姓のことであり、両句を全体としてみると、家の主人が病に臥《ふ》せっていたが、このたび、めでたく病気平癒につき祝いの宴が張られ、恒例の肴舞も披露されると、おのずから座も盛り上がり、病魔降伏の鍾馗の精霊さえ立ち現れるようで、主人の平癒を喜ぶ年若い小姓の顔も喜びに輝き、そのきれいなことには、ぞっとするほどだ、ということになろう。

まさに、〈あまりの美しさに身も震える様子〉の「ぞっと」である。

さらに、近世後期にも、〈あまりの美しさに身も震える様子〉の「ぞっと」がある。

○時に後のくらがりから、そつとお長が耳に口、こなたへ来いと言ふ声は、たしかに女とこわ〳〵ながら、引れてしりぞく娘のよふす、雲介どもは気もつかず、鬮《くじ》を争ふ最中へ、ワアット声かけ五六人、手にでに棒を追取て、雲介どもをなぐりたて、〳〵つゝ声々に勾引《かどわかし》の盗人めら、片ツぱしからふんじばれ、一人も逃《にが》すな〳〵と、呼わり〳〵走《はせ》かゝられ、元来《もとより》無道の人非人、みなちり〴〵に逃出す。折からお長の手を引て、あらはれ出る勇みはだ、されど月夜に**ぞつと**する、素顔の意気な中年増《ちゆうどしま》、月諸《もろ》ともに横にさす、櫛も野代の本檜木、秋田といふは鼈甲《べつかう》か、洒落た出立の旅姿。

（『春色梅児誉美』初編・二・四、一八三二年）

（「折からお長の手を引て」から）雲助どもが逃げ出すと同時に、お長の手をとって、その目の前に現れ出るのは勇み肌の人物。けれども、それは男ではなく、月夜の光に照らされて、ぞっとするほど美しい、化粧のない顔つきの粋な中年増の女。月の光が射すなかで、ともに、横向きにさす櫛は能代の本檜。能代と言えば秋田であるが、本檜の前にさしていたのは鼈甲の櫛。鼈甲の櫛をさす生活に飽きたのであろう。しかし、その折に身につけた粋な雰囲気は残って、いま目の前にあるとおり。粋な生活に飽きて出てきた、洒落た恰好の旅姿である。

この場面は、相模国金沢（現在の横浜市金沢区）の知り合いのもとへ、難を避けて身を寄せようと駕籠で向かっていた、唐琴屋の娘・お長《ちよう》が、その駕籠舁《か》きたちによって、危ない目にあうところである。この駕籠舁きたちは、いわゆる雲助で、旅人たちに悪さをはたらく無法者たちである。お長は、古寺に連れ込まれて、あわやというところで、ものの陰から、耳もとで女の声がして、こちらに来いと言われる。お長は、こわごわながらも、女の声だから、まだしも、こちらのほうが信じられるだろうと判断して、引っ張られるがままに、後ずさりする。そんなこととも知らずに、雲助どもは、誰が先にお長の相手をするかとくじ引きをしている。そこに、五、六人が踏み込んで、棒きれで雲助たちを襲撃して殴りつける。

雲助たちは、さんざんに追い払われるのであるが、そのあとに、お長の手をとって、月の光のもとに現れたのが、「ぞっと」するほど美しい女だ、というのである。この女は、江戸向島（現在の東京都墨田区）近辺の小梅という地に住む、お由《よし》という姉御なのであった。

三つの「ぞっと」の関連

さて、以上で、「ぞっと」が、〈強い恐怖によって身がすくむ様子〉〈寒さで身が震えあがる様子〉〈あまりの美しさに身も震える様子〉という意味になっていることを確認したわけであるが、これら三つの意味がどのような関連を持っているのかについて考えてみる。

これらの「ぞっと」は、いずれも、《なにか強い刺激や衝撃に出会って身がすくむような感覚を持つ様子》と、まとめることができる。つまり、〈恐怖〉や〈寒さ〉や〈美しさ（感動）〉は、「ぞっと」を引きおこす誘因であり、その意味では、厳密には「ぞっと」の根源的な意味には含まれないものなのかもしれない。

類似のものとして、現代語における「鳥肌が立つ」を挙げることができるのではないだろうか。「鳥肌が立つ」は、以前であれば、恐怖や寒さのあまり、腕などの皮膚の毛根がせり上がって、粟粒のような小さなぽつぽつが生じることを言った。しかし、現在では、若者を中心として、「ライブに行ってみたら、今まで聴いたことがない演奏で、鳥肌が立った」などのように、あまりの感動で、身がすくむような感覚にとらわれることを言う（あまりにひどい演奏で、寒く感じたわけではない）。人によっては、本当に、皮膚にぽつぽつが生じるらしい。

この「ぞっと」と「鳥肌が立つ」を並べてみると、かなりの共通性があることに気づく。そうなるための外的刺激が、〈恐怖〉〈寒さ〉〈美しさ（感動）〉である点、それによって、身がすくんだり、皮膚に粟粒のようなぽつぽつが生まれる、という点。そのように考えると、「鳥肌が立つ」の〈感動〉を意味する用法は、生まれるべくして生まれたものであり、決して、誤解や間違いで生まれたものではないように思われる。

以上を図式化すると、次ページのようになる。

「ぞっ」の意味変化は、〈寒さ〉と〈美しさ（感動）〉の誘因が姿を消していったことで生じたということになろう。誘因が単純になったのである。ここに「鳥肌が立つ」を併せて考えると、〈恐怖〉〈寒さ〉だった誘因に、〈美しさ（感動）〉が加わった、ということになる。つまり、「鳥肌が立つ」の意味変化は、「ぞっ」がなくした〈美しさ（感動）〉の部分を補ったということなのである。

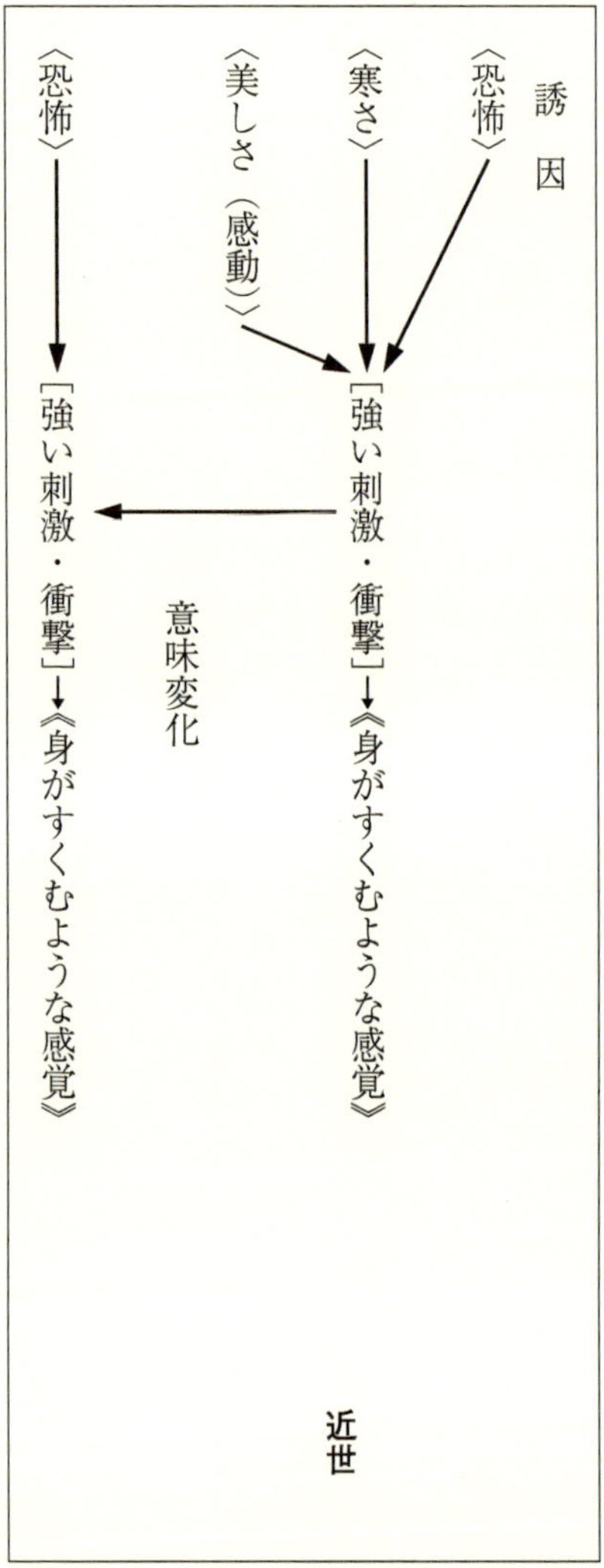

誘因
〈恐怖〉
〈寒さ〉
〈美しさ（感動）〉
［強い刺激・衝撃］→《身がすくむような感覚》
近世
意味変化
〈恐怖〉
［強い刺激・衝撃］→《身がすくむような感覚》

第八節　どきどき——対象の拡がり

恋の思いの「どきどき」

「どきどき」は、〈期待や不安などで、胸の鼓動が激しくなる様子〉を表わすオノマトペである。「どきどき」という音は、外部に大きくは聞こえないけれども、自分の体内から聞こえる音と言ってよいだろう。

この「どきどき」は、近世から見られるものであり、そのはじめは、〈恋の思いで胸の鼓動が激しくなる様子〉で用いられているようである。

○娘や随分御馳走申しやや。したが余り馳走過ぎ、大事の口上忘れまいぞ。私《わし》も聟殿にアイタあいたからうの奥様は。気を通してぞ奥へ行く。小浪は御跡伏拝み〱忝《かたじけな》い母様。日《ひ》比《ごろ》恋し床しい力弥様。逢《あは》ばどふ言をかう言をと、娘心の**どき〱**と、胸に小浪を打寄《よす》る。

（竹田出雲他『仮名手本忠臣蔵』二、一七四八年）

「娘よ、［力弥様に］思う存分おもてなし申し上げなさい。けれども、あんまりおもてなしに夢中になって、大切な伝言を忘れてはなりませんよ。私も、婿殿には会いたい［し、娘も会いたかろう］」、けれども、あ痛たた」と、［癪の痛みの声をあげつつ］家老の奥方は、［娘の小浪に］気を利かせて、奥に行く。小浪は、その後ろ姿を何度も伏し拝み、「ありがとうございます、お母上。日頃から恋しく、気がかりな力弥様、お目に掛かったら、どう言おうか、それともこう言おうか」と、娘心でどきどきと胸にさざなみを打ち寄せる。

○折平殿、お姫様への御馳走に八景の物語、夫レおいやとおっしゃるならつもる咄《シ》の寝物語。こちらは合点、のふ柵《しがらみ》殿。それ〳〵、どふで石山参りじゃもの。お怪我のない様に頼みますと、押《シ》やれば顔真赤《まつかい》。イヤ何様、はや拙者めが口不調法も結句お慰み。アレ御らうじませ。向ふに見へましたが比良の暮雪。こちらがと立上る手をじっと取り、近江八景知《ツ》てゐる。比良の暮雪面白ない。言《フ》事有《リ》と引寄《セ》られて猶赤面《あかづら》ア、申《シ》〳〵、こちらが勢田の。ヲ、初心《しょしん》らしい。顔真赤《まつかい》に勢田の夕照《せきせう》。いつぞやからあの衆頼《ミ》。詢《くどけ》ど一《ト》夜も粟津の晴嵐。コレそちら向《カ》ずと、こちらを三井《みゐ》のかねての思ひ。胸は**どき〳〵**矢橋《やばせ》の帰帆《きはん》。惚た約束堅田《かたゞ》の落雁《らくがん》、是からさき［唐崎］は夫婦ぞやと思ひ切て抱《いだき》付《ク》。

（並木千柳他『源平布引瀧』二、一七四九年）

「折平殿、お姫様［待宵姫］へのおもてなしとして、近江八景の説明を頼みます。そうそう、もしそれがお嫌だとおっしゃるならば、積もる話の寝物語でも構いません。こちらはよく分かっていますから、ねえ、柵殿」。「はいはい、どのみち、石山参りですもの、お怪我のないようお願いします」と、［腰元たちが待宵姫を折平に］押しやると、［折平は］顔を真っ赤にして、「いやどうにも、拙者の口べたも、最後にはなにかのお慰みになればと存じます。さあ、ご覧なさいませ、向こうに見えましたのが、比良の暮雪で、こちらが……」と、［折平が］立ち上がる手を［待宵姫は］しっかり取って、「近江八景なら知っている。比良の暮雪なんて、面白くもない。あなたに言うことがあります」と引き寄せられて、［折平は］さらに赤面する。「あ、ええと、ええと、こちらが勢田の」、「まあ、いかにも初心なこと、顔を真っ赤にして、まるで勢田の夕暮れ。いつからだったか、誰かさんに思いをかけ、口説いたけれども、一夜も逢わずに、まるで、粟津の青嵐、これこれ向こうを向いていないで、こっちを見いとは、三井の鐘。その予ての恋の思いで、胸はどきどきと矢のように走る、まるで矢橋の帰帆。惚れた約束は固く、とはまさに堅田の落雁、これからさきは、夫婦ですよ」と口説いて、［待宵姫は］思い切って、［折平に］抱きつく。

『仮名手本忠臣蔵』『源平布引瀧』、いずれの例も、女性の恋の思いを、「どきどき」で表わしている。ただし、『源平布引瀧』の待宵姫はかなり積極的で、待宵姫のお付きの腰元、柵と千笹もそれを後押ししていて、その相手となっている折平が、むしろ顔を真っ赤にして初心《うぶ》な様子であるのが印象的である。

○よね「わちきやア最《もふ》、知れめへかと思つて胸が**どき〳〵**して、そしてもふ急ひで歩行《あるひ》たもんだからア、苦しい　トむねをたゝき、胭《のど》がひツつくよふだ　トいひながらそばへすはりおまはんは煩つてゐさつしやるのかへ　トかほをつく〴〵見て

（為永春水『春色梅児誉美』初編・一・一、一八三二年）

よね［八］「私は、もう、［丹次郎さんの住まいが］見つからないだろうかと思って、胸がどきどきして、それで、もう急いで歩いたもんだから、苦しい」、と胸を叩き、「のどが張り付くようだ」と言いながら、［丹次郎の］そばに坐り、あなたさまはご病気でいらっしゃるのかえ」、と顔をつくづくと眺めて

○花「アノ　若旦那さんは去頃《いつうか》上方へやられてお在《いで》だと聞たが、まだお帰りでないかへ　小「イ、ヱ、もうお帰ンなさいました　花「ヱ、　トびつくりする。あんじてきゝながらも、

まだかへりしとはおもひがけねばなり　お帰りだとへ、啌《うそ》ぢやァなひかへ　小「イ、ヱ啌ぢやァござゐません。まだ実家へお帰りなさりはしませんが、上方をば逃出してお出なすつて、御本店《ごほんだな》の抱への甚五郎さんといふ頭《かしら》の宅《うち》に隠れてお在《いで》なさいます　花「ヲヤ〳〵左様かへ　トいふうちにもうれしさかなしさ、むねも**どき〳〵**してゐる

（為永春水『春告鳥』四・二十三、一八三七年）

［芸者、お］花「あの、［あなたの店の］若旦那さんは、なにかのときに上方に遣られてお出でだと聞いたが、まだ［江戸には］お帰りでないかえ」小［僧］「いいえ、もうお帰りなさいました」花「ええっ」とびっくりする。心配して聞きながらも、まだ帰ったとは思いもしなかったからである。「お帰りになったって？　うそじゃないかえ」小「いいえ、うそではございません。まだ実家にはお帰りなさりはしませんが、上方を逃げ出しておいでで、お店のお抱えで、甚五郎さんという火消しの組頭の家に隠れておいでです」花「おやおや、そうなのかえ」と言う間にも、嬉しさと悲しさで、胸もどきどきしている。

『春色梅児誉美』の例は、丹次郎の住まいを尋ね歩いていた芸者米八の、見つけられないのではないかと〈不安になって胸の鼓動が激しくなる様子〉を「どきどき」で表わしている。

また、『春告鳥』の例も、思いを掛けていた若旦那（鳥雅《ちょうが》）が、勘当されて上方へ追いやら

れたあと、また江戸に舞い戻ってはいるものの、実家には戻れなくて、火消しの組頭の家に隠れているということを聞いた芸者お花が、戻ってきていることは嬉しいものの、まだ実家には戻れないことが悲しくて、〈気がかりでならず胸の鼓動が激しくなる様子〉を、「どきどき」で表わしている。こちらは少し、複雑な感情である。

ただし、微妙なところではあるものの、どちらも、実は、不安だったり、気がかりだったりしながら、どこかに期待の思いも潜む、という点にも留意される。

「どきどき」の対象の拡大

近代になると、さらに、「どきどき」の対象が広がる。

○そしてその箱の中には小さい墨のやうな形をした藍や洋紅の絵具が……僕は顔が赤くなったやうな気がして、思はずそっぽを向いてしまふのです。けれどもすぐ又横眼でジムの卓《テイブル》の方を見ないではゐられませんでした。胸のところが**どき〳〵**として苦しい程でした。ぢつと坐つてゐながら夢で鬼にでも追いかけられた時のやうに気ばかりせかせかしてゐました。

（有島武郎「一房の葡萄」二、一九二〇年）

○遠いものは小さく、近いものは大きく、遠いものは橙《だいだい》や黄いろではっきりし、近いものは青白く少しかすんで、或ひは三角形《さんかくけい》、或ひは四辺形《しへんけい》、あるひは電《いなずま》や鎖《くさり》の形、さまざまにならんで、野原《のはら》いっぱいに光ってゐるのでした。ジョバンニは、まるで**どきどき**して、頭をやけに振《ふ》りました。するとほんたうに、そのきれいな野原中の青や橙や、いろいろかゞやく三角標《さんかくひょう》も、てんでに息をつくやうに、ちらちらゆれたり顫《ふる》へたりしました。

（宮沢賢治「銀河鉄道の夜」六、一九三四年）

「一房の葡萄」では、ジムの持っている絵の具を盗んでも手に入れたいという〈欲望〉の思いが募って〈胸の鼓動が激しくなる様子〉、「銀河鉄道の夜」では、天の河原にやってきたジョバンニが、次から次へと展開される光景に〈圧倒〉されて〈胸の鼓動が激しくなる様子〉が、「どきどき」で表わされている。この両者ともに、やはりある種の〈期待〉の念が込められている。絵の具を手に入れる〈期待〉と、さらに美しい光景が展開する〈期待〉と。

このように見てくると、「どきどき」の意味説明は、《胸の鼓動が激しくなる様子》というだけでよく、〈恋の思い〉〈不安〉〈気がかり〉〈ためらい〉〈欲望〉〈圧倒〉は、それを引きおこす要因にすぎない、と言ってもよいように思われる。ただし、そこにはなんらかの〈期待〉の思いが込められているということもつけ加えられるのではないかと思われる。

以上を整理すると次の図のようになる。

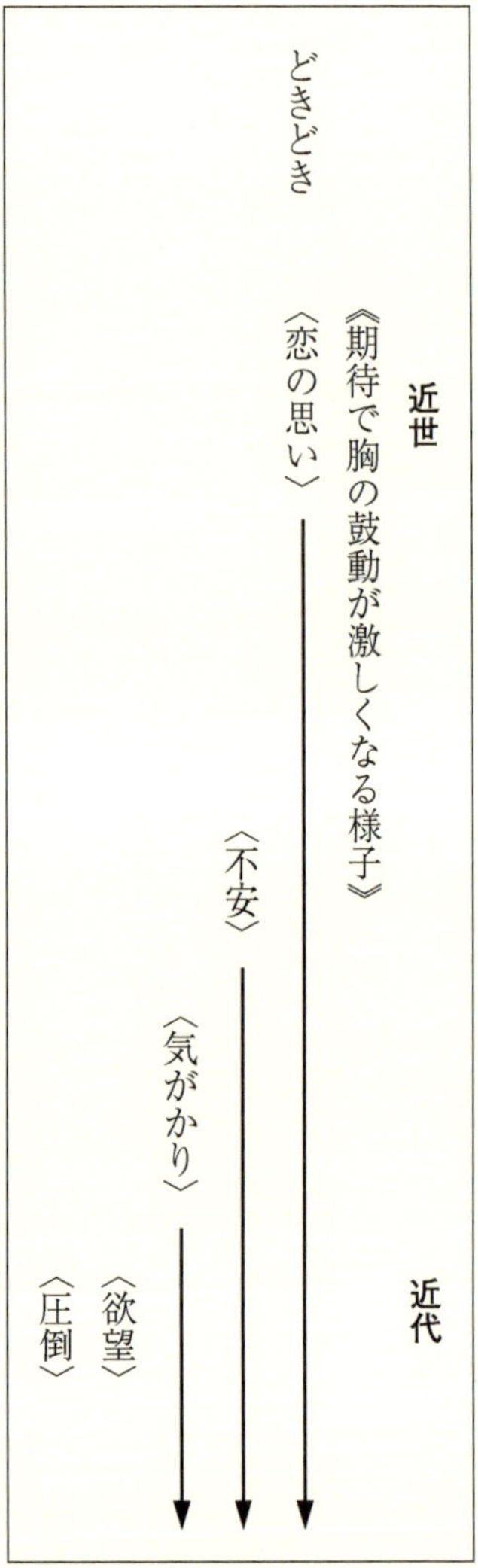
どきどき
近世
近代
《期待で胸の鼓動が激しくなる様子》
〈恋の思い〉
〈不安〉
〈気がかり〉
〈欲望〉
〈圧倒〉

第九節　のたり　のたのた　のろのろ　のろい——プラスからマイナスの評価へ

近世の「のたり」

一九七〇年代に、『のたり松太郎』という、ちばてつや原作の漫画があった（その後、断続的に二十年以上も雑誌『ビッグコミック』に連載された）。このタイトルに用いられている「のたり」には、どのようなニュアンスがあったのだろうか。主人公の松太郎というキャラクターは、怪力の大男という設定であるから、なにか、つかみどころのない茫洋《ぼうよう》とした存在感を表わそうとしていたのであろうか。ただ、動きが緩慢な感じがするからであろうか、「のたり」という語からは、あまりよいイメージを受けなかった記憶もある。

しかし、「のたり」という語は、近世から見られ、当初はそう悪いニュアンスでは用いられていなかった。

○建つめた中に**のたり**と増上寺　（『卯の花かつら』、一七一一年）

寺をすきまなくたくさん建てこんだなかに、ゆったりと増上寺がある。

この増上寺は、現在も東京都港区芝公園にある、徳川家の菩提寺である。ほかの寺々が、すきまなくびっしりと建っているなかに、増上寺だけは、余裕を持って「のたり」と建っているというのである。この「のたり」は、〈あわてず余裕のある様子〉を意味していて、マイナスの評価ではない。句全体としては、周囲の寺々がちまちま建っているのに、増上寺だけが悠然と建っている様子を描きつつ、そのような寺をつくって、太平の世の中をもたらしている徳川将軍家のことを褒めあげているわけである。

○春の海終日《ひねもす》**のたり〱**かな　（与謝蕪村『俳諧古選』、一七六二年）

春の海は、一日中、ゆったりゆったりと揺れていることだ。

この句は、非常に有名な句で、毎年正月には、必ずどこかで目にするといっても過言ではない。『誹諧金花伝』（一七七三年）に再録されている同句には「須磨の浦にて」とあるので、この海は、瀬戸内海の波のおだやかな海ということになる。近世における「のたり」は、現代の「ゆったり」にあたるようなものだと考えられる。

　また、「のたり」は、誹諧だけに現れるわけではない。

○わしは龍《りやう》の軽業《かるわざ》をみました。どなたも絵にかいたをご覧《らう》じたかはり、本当の龍《りやう》はごぞんじあるまい。なか〳〵穏当なもの。太夫黒雲龍之助《たゆふくろくもりやうのすけ》、たゞ今おめ見へといふと、**のたり〳〵**とでかけて、それから一本竹から綱渡り。いやはや、とんだおもしろいことでごさつた。

（『臍煎茶呑噺』、一八〇〇年）

　私は龍の軽業を見ました。みなさんは誰でも絵に描いた龍はご覧になったことはありましょうが、そのかわり、本物の龍はご存じないでしょう。なかなかおとなしいものです。［龍の芸名で］太夫黒雲龍之助、ただいまお目見えでございますという口上のあと、悠々と現れてきて、一本竹から綱渡りをして、いやもう、とても面白いことでございました。

　これは、龍の曲芸を見たことがあると、おおぼらをふく男の話で、龍はなかなかおとなしいものです、などと、見てきたようなことを言っているところが可笑しいが、このほらばなしに出てくる龍のしぐさの「のたりのたり」も、〈あわてず余裕のある様子〉と解釈できる。

近代の「のたり」

近代になっても、「のたり」の意味は、〈あわてず余裕のある様子〉で解釈できる例が見つけられる。また、ヘボンの編集した和英辞書にも掲載されている。

○NOTARI-NOTARI, ノタリノタリ In a sauntering or lumbering manner. — *to aruku.*

（『和英語林集成』再版、一八七二年）

saunter は、同辞典の「英和の部」では、「Bura-bura aruku, shōyō suru.（ぶらぶら歩く、逍遥する）」とある。マイナスの評価ではない。lumber のほうは、同辞典には掲載がない（奇妙なことに、再版にはLの項目がすっぽり抜け落ちている）が、三版（一八八六年）にはあり、「Zai-moku（材木）」となっている。しかし、これは、lumber の別の意味であり、現代の辞典だと、「（太った人・戦車・荷車などが）重々しく（騒々しく）走る（動き回る）」（『小学館 ランダムハウス英和大辞典』）となっていて、微妙だがマイナスの評価もないわけではなさそうである。

○岩の凹《くぼ》みに湛《たた》へた春の水が、驚ろいて、**のたり〱**と鈍く揺《うご》いてゐる。地盤の響きに、満《まん》泓《わう》の波が底から動くのだから、表面が不規則に曲線を描くのみで、砕《くだ》けた部分は何所《どこ》にもない。円満に動くと云ふ語があるとすれば、こんな場合に用ゐられるのだらう。
（夏目漱石「草枕」九、一九〇六年）

これは、地震が発生したあとの描写であるが、岩のくぼみに溜まった春の季節の水が、それによって揺れる様子を描写したものである。あとに、「円満に動く」とあるから、マイナスの評価ではない。また、「春の水」という言いかたは、さきに見た蕪村の句をふまえているのかもしれない。しかし、近代に入ると、プラスの評価とは言えない例も見出すことができる。

○保《たもつ》と三越へ行った日、帰って見ると左足に鼻緒ずれができていた。素人療治《しろうとりょうじ》をしているうちにこじれて、伸子は、この頃毎日病院へ通っているのであった。鹿が繊《ほそ》い脚の先を自分のように繃帯《ほうたい》され、**のたりのたり**歩く恰好を空想すると、一寸《ちょっと》滑稽であった。
（宮本百合子「伸子」七、一九二四年）

○すると、そのとき野末の遠い泥濘の真ん中で、大豆を積んで来た牛車が立往生して動かないのが見えた。「あれだあれだ。」といふ声声にみな眼を醒して望む。しかし牛は突いても打つても動く様子がない。しびれを切らした群衆は、牛が動いては停るたびに、いら立ち騒ぎ、手んでに牛をぶつ叩く真似をする。牛車はちよつと動いたかと思ふと、またすぐ停る。「えーい、もう、腹が立つう。」と叫ぶ農婦があつた。「歯がいいッ。」と、足をばたばたさせるもんぺがある。自転車で飛び出すもの。空腹で帰つて行くもの。皆ぷんぷん膨れ返つて待つてゐる中を、牛は**のたりのたり**と、至極ゆつくり動いてくる。

（横光利一「夜の靴」、一九四七年）

「伸子」の例は、少し微妙であるが、夫の佃から、奈良の鹿は足が痛くなるようなことはないだろうと書かれた手紙を読んだ伸子が、現在、鼻緒ずれをこじらせていて、奈良の鹿がもし自分と同じように足に包帯を巻いて「のたりのたり」歩いたら、と想像している場面であり、その姿をちょっと滑稽だと考えていることから、これは、ややマイナスの評価と思われる。また、「夜の靴」の例のほうは、はやくやってきてもらいたいのに、「のたりのたり」としか動こうとしない牛に、人々がいら立っているので、これはマイナスの評価と言ってよかろう。

「のたのた」と「のろのろ」

以上、「のたり」は、その当初は〈あわてず余裕のある様子〉であって、その後、ややマイナスの評価が加わっていることが分かった。それでは、類似の意味を持つ「のたのた」と「のろのろ」では、どうだろうか。

○手水鉢《てうづばち》の水なぶり、雫に育つ石竹《せきちく》の本より、蟇《ひきがへる》が**のたくく**と這ひ出れば、禿《かぶろ》は冷《ひや》し物の田烏子《くろぐわへ》取て投げつけるもあどなく、石灯籠《いしだうらう》の陰なる蛍は、昨口江戸又が放したるのなるべし。（『好色万金丹』三・三、一六九四年）

手水鉢の水を［禿が］かき回して遊ぶ、その滴で育った石竹の下から、蟇がのたのたと這い出すと、禿は、水で冷やした黒クワイを取って投げつけるというのも子供っぽく、石灯籠の陰にいる蛍は、昨日、江戸又が放したものであろう。

「のたのた」は、近世から例が見られるものであるが、意味は〈速度が遅く時間がかかる様子〉であるが、当初は、特にマイナスの評価は伴なわない。そもそも、蟇がのたのた這い回るのは当たり前の出来事であり、それをマイナスに評価するということ自体おかしなことなのであろう。

○我等のジャパン・ホテルは確にそこに在るらしかった。緑の豊かな梢から、薄クリーム色に塗料をかけた、木造ながら翼を広やかに張った建物が聳《そび》え立っている。そのヴェランダは遠目にも快活に海の展望を恣《ほしい》ままにしているのが想像される。大分坂の上になるらしいが、俥夫はあの玄関まで行くのであろうか。長崎名物の石段道なら、俥は登るまいなど、周囲から際立って瀟洒《しょうしゃ》でさえある遥かな建物を眺めていると、私は俥の様子が少し妙なのに心付いた。俥夫は、駈けるのを中止した。**のたのた**歩き、段々広くもない町の右側に擦りよって行く。

（宮本百合子「長崎の印象」、一九二六年）

「のたのた」を、動物ではなく人間に対して用いると、単に〈速度が遅く時間がかかる様子〉だけでなく、評価性が加わる。前の例は、宮本百合子が、長崎にあるジャパン・ホテルに人力車で行こうとしている場面であるが、ホテルが坂の上にあると思っていたら、車夫は駈けるのをやめて、スピードをゆるめてしまう。この「のたのた」には、なにをしているのかというぶかしい気持と頼りなげなマイナスの評価が込められていよう。

いっぽう、「のろのろ」のほうは、中世から例が見られる。

○問　水ノ　シツカニナカル、ヲ　**ノロ〳〵**トイヘル　ノロ如何　答　イロハ《ママ》　ノトラヨノ反

（『名語記』五・ノロ、一二七五年）

問　水が静かに流れることをのろのろと言うが、ノロとはどういうことでしょうか　答　ノロは、ノト・ラヨの反です

『名語記』は、これまでも何度か出てきた、中世の語源辞書であるが、「のろのろ」は水が静かに流れる様子を表わすとしている。これは、〈進み方がとても遅い様子〉と言い換えることができる。この「のろのろ」の「のろ」を、「のと・らよ」の反であると説明しているのであるが、この説明は意味不明である（「ノロ」を「イロ」と書き誤ってもいるので、なにか誤脱や誤写などがあるのかもしれない）。ただし、「noto」「rayo」で「ノロ（noro）」にはなるので、反の説明としては合っている。

○良実「シテ其方が願ひわ何じゃ。」　駄六「外の事でもござりませぬ。どふぞ私をあなたの御養子に。ト両人びっくりする。　所詮御養子には成《なれ》ますまい。大津縄手を**のろ〳〵**と、牛に任せてのふらく物。いづくまでも出世は出来ず、小野、御家へ御奉公致したい願でござりますれど、つてはなし」。

（桜田治助『名歌徳三舛玉垣』五立、一八〇一年）

［小野］良実「それでその方の願いはなんじゃ」　駄六「他でもありません、どうぞ私を、あなた様の御養子に……」と聞いて［良実・鵜の羽の］ふたりはびっくりする。「［とはいえ］しょせん御養子にはなれないでしょう。［私は］大津縄手を、のろのろと牛に任せて暮らす怠け者。どこまでも出世はできず、小野様のお家にご奉公致したい願いはありますが、その伝手もありません」

これは、駄六という男が、良実《よしざね》に奉公したいと訴える場面である。最初は、養子になりたいと言って驚かせておいて、それは無理そうだから、と奉公のはなしにもちこんでいくのであるが、養子になるにしては、自分は、牛を連れてのろのろ動くだけの男で出世など望めない（だから、どこまでも出世できなくともいいから、奉公だけはしたい）と述べるのである。このように、〈進み方がとても遅い様子〉を意味する「のろのろ」が、人間に対して用いられると、やはり、マイナスの評価が加わる。

「のろい」の評価

さらに、オノマトペの基本要素「のろ」を語幹にした形容詞「のろい」はどうか。「のろい（のろし）」も中世から例が見られる。

○「ヤ、梶原殿、宇治河ハ上ハ**ノロク**テ底ハヤシ。底ニ縄ナムドモ有ラムト、馬ノ腹帯《はるび》ノ以外《もつてのほか》ニノビテミヘ候ゾ。モシソコツナニモカヽリ、石ニモケツマヅカム時、鞍フミカヘシテ、河中ニテ不覚シ給フテ、人ニ咲《わらは》レ給フナ。引テミ給ヘ」トゾ云タリケル。

（『平家物語　延慶本』五本、一三〇九〜一〇年）

「いや、梶原殿、宇治川の流れは、上のほうはゆったりしていますが、底のほうは速いのです。底に縄などが張られていると考えますと、あなたさまの馬の腹帯がひどく伸びているように見えます。もし、それが川底に張られた綱にでもひっかかって、石にも蹴つまずいたりしたときに、鞍を踏みあやまってひっくり返り、川のなかで失態をさらして、ひとに笑われなさるな。腹帯を引いて締めてみなされ」と［佐々木高綱は］言ったのだった。

有名な、宇治川の先陣の場面である。ここで「のろし」は、川の流れについて単に客観的に〈進み方が遅い〉という意味で用いるだけで、もっと速ければいいのにとか、遅すぎてよくないとかいうよう含意はない。

それが、後世、人間に対して用いられると、マイナスの評価が加わるようになる。

○仇吉《あだきち》はやう〳〵に立上り、四ツに折れたかんざしを一ツに寄せ　仇「コレお見《み》、今折れたかんざしのこの紋をお見。米八さんのも私《わちき》のも、同じやうに丹《たん》さんの紋だヨ。延「二人ながら何でそんなに**のろく**なつたろう。おいらはまたそら程い丶ともおもはねへが。イヤそれよりか、そのかんざしも二本ながら、おいらにまかせて置なト紙に包んで懐中し、胸におさめしこの喧嘩《けんくわ》、まだこれなりに済ざるを知れども、中へわけいりて、月日をさきへ延津賀が、（為永春水『春色辰巳園』七・二、一八三五年）

［芸者］仇吉は、なんとか立ち上がって、四つに折れたかんざしをひとつに寄せて、仇吉「これご覧、今折れたかんざしの、この紋をご覧。米八さんのも私のも、同じように、丹次郎さんの紋所だよ」延津賀「ふたりともに、どうして、そんなに惚れ込んでしまったんだろうね。私はそれほど［丹次郎が］いいとは思わないけどね。いや、そんなことより、そのかんざしも、二本ともに、私に任せておくれ」と、紙に包んでふところに入れ、自分の胸のなかに納めたこの［ふたりの］喧嘩が、まだこれだけでは済まないことを知ってはいるが、仲介に入って、月日を先にくりのべた延津賀が、

仇吉、米八は、ともに芸者であり、丹次郎をめぐって恋のさやあてを演じている。そのふたりを延津賀が、「のろく」なったと評しているのである。この「のろい」は、〈異性に対して理非の判断がにぶくなる〉という意味であり、男性から女性へも、また、この例のように、女性から男性へも使うことができるものであったが、現在では日常の言葉づかいとしては失われてしまった用法である。それはそれとして、ここでも、人間に対して用いられた「のろい」は、マイナスの評価を持つということが言える。

それでは、なぜ、人間に対して用いられた、〈ゆっくり動く様子〉を意味する語は、マイナスの評価を持つのか。これは、やはり、もう少しはやく行なってほしいのに、時間がかかって

いると評価するからであろう。そういう意味では、近現代は、時間をかけてなにかをするのを待てない、スピード重視の世知辛い世の中になったということであろう。

以上のところを整理すると、次のようになる。

	中世	近世	近代
「**のたり**」		〈あわてず余裕のある様子〉→	ややマイナス評価へ
「**のたのた**」		〈速度が遅く時間がかかる様子〉→	ややマイナス評価へ
「**のろのろ**」	〈進み方がとても遅い様子〉→	マイナス評価へ	
「**のろい**」	〈進み方が遅い〉→	〈異性に甘い〉→	マイナス評価へ

第十節　はたはた　ばたばた　ぱたぱた――擬音語から擬態語へ

中古の「はたはた」

「はたはた」「ばたばた」「ぱたぱた」の三語のうちで、もっとも古くからあるのは、「はたはた」で、中古の例を見つけられる。

○しはすつごもりがたに、貞観殿の御かた、この西なるかたにまかで給へり。つごもりの日になりて、儺《な》といふ物心みるを、まだひるより、こほこほ**はたはた**とするぞ、ひとり笑みせられてあるほどに、明けぬれば、ひるつかた、まらうどの御かた、をとこなんど、たちまじらねば、のどけし。

（『蜻蛉日記』上・康保四年十二月〜安和元年正月、九七四年頃）

［康保四年（九六七）の］十二月の末のあたりに、貞観殿の御方［藤原登子］が、私の邸の西の対に、宮中からさがっていらっしゃった。三十日になって、追儺《ついな》というものをやってみるということで、まだ昼から、こほこほはたはたという音がするのに対して、ひとり笑いが自然にこみ上げているうちに、明けて正月になって、昼のあたりに、お客さまの御方［貞観殿］は、［正月の挨拶に訪れる］男性客などがやってこないので、のんびりとしている。

○中将面《おもて》うち赤めて、「ふるめかしき心なればにやあらん、今めかしく好もしき事もほしからず、おぼえもほしからず、父母具《ぐ》したらんをもおぼえず。おちくぼにもあれ、あがりくぼにもあれ、忘れじと思はんをばいかゞせん。人のいはむもことわり、そこにさへかくの給ふこそ心うけれ。たゞ御為に心ざしなきに思すとも、今彼も仕《つか》うまつるやう有なむ」とて、いとたのもしげなるけしきにて立ち給ふめるを、帯刀《たちはき》つくぐ〳〵と聞て、爪はじきを**はたはた**として、「なでふかゝる事申し給ふ」。

（『落窪物語』二、九七三年頃）

中将は顔を赤くして、「［私は］古めかしい気持だからだろうか、今風で色好みなことも望まないし、［ひとからのめでたい］覚えも要らない。両親がそろっている女性が欲しいとも思わない。落ち窪だろうが、上がり窪だろうが、［私が女君を］忘れまいとするのは、どうしようもない。他人がとやかく言うのは道理であるが、［乳母の］あなたまでも、そんなふうにおっしゃるのは情けない。［落窪の姫は］今あなたのために何の役に立とうともしないと［あなたが］お思いではあっても、今になにか尽すことがあるだろう」と言って、とても頼もしい様子で、出て行かれると、［乳母の息子の］帯刀［惟成］は、つくづくと聞いていて、爪弾きをはたはたとして、「［母上は］どうしてあんなことを申されたのですか」。

○さて土御門よりひんがしざまにゐていだしまゐらせ給ふに、晴明が家のまへをわたらせ給へば、みづからのこゑにて、手をおびたゞしく**はた〳〵**とうつなる。「みかどおりさせ給ふとみゆる天変ありつるが、すでになりにけりとみゆるかな。まゐりてそうせん。車にさうぞくせよ」といふこゑをきかせ給ひけん、さりともあはれにおぼしめしけんかし。

（『大鏡』花山院、一一三四年頃）

こうして、［粟田殿は花山天皇を］内裏の土御門から東の方向へお連れ申し上げ、陰陽師、安倍晴明の家の前をお通りなさると、［晴明］自身の声で、手を何度もはたはたと打つ音が聞こえる。「帝がご退位なさると思われる天変があったけれども、すでにご退位なされたようだ。［内裏に］参上して、申し上げよう。車に出掛ける支度をしなさい」という声を、［花山天皇は］お聞きになられたのだろう、ご覚悟の上だったとはいえ、感無量とお思いになったことだろう。

『蜻蛉日記』の例は、追儺の物音を「はたはた」と表わしているものである。追儺とは、大晦日に行なわれる、悪鬼を追い払う行事であり、そのことによって疫病などを追放しようというものである（後世、節分の豆まきへと受け継がれて今にいたる）。いろいろな物音がして騒がしいのを、大晦日なのに賑やかだことと思うと、なにかほほえましくもあって、ひとり笑いがこみ上げてきたということであろう。「こほこほ」は、「ごほごほ」とする注釈書もあるが、その場合でも、なにか物音（その場合は、すこし騒々しい）を表わしていると見ているようである。

『落窪物語』の例は、爪弾きの音を「はたはた」と表わしているもので、他に、中古では『夜の寝覚』『大鏡』、中世では『沙石集』などにも例が見られる。爪弾きとは、人差し指か中指の先端を親指の腹に当てて音を鳴らすものであり、なにか不満や非難の気持が込められるものである（後世の「爪弾きされる」の語源となっている）。ここも、落窪の姫を悪しざまに言って、逆に中納言にたしなめられる乳母の母（落窪の継母）に、息子の惟成が、不満の気持を表わしたものである。

『大鏡』の例は、陰陽師《おんようじ》である安倍晴明《あべのせいめい》が、手を打ち鳴らす音を「はたはた」と表わしたものである。他に、中世の『沙石集』にも例が見える。

『蜻蛉日記』の例は、実際には、なにとなにとが打ち合わされているのかは分からないが、『落窪物語』の〈指と親指の腹を繰り返し打って鳴らす音〉、『大鏡』の〈手と手を繰り返し打ち鳴らす音〉から推測すると、あまり固いものどうしが打ち鳴らされているのではなく、ある程度柔らかいものどうしが繰り返し打ち合わされているのだろうと思われる。また、打ち合わされているものも、そう大きくはない。また、両方が動いて打ち鳴らすだけでなく（手）、いっぽうだけが動いて打ち鳴らす音（爪弾き）でもあるようである。
そうすると、これらの「はたはた」は、より抽象的な《あまり大きくない、なにか柔らかいものどうしが繰り返し打ち合わされて鳴る軽い音》のようにまとめられそうである。

中世の「はたはた」

中世になると、「はたはた」は、新しい対象音を持つようになる。

○秋の夜のながきに、よく〳〵したりければ、暁がたに、戸を**はた〳〵**とたゝけるに、「あれ、人いだしてきかせ給へ」とて、きかせければ、この少将のあひ聟にて、蔵人の五位のありけるも、おなじ家に、あなたこなたに据ゑたりけるが、この少将をば、よき聟とてかしづき、今ひとりをば、ことのほかに思ひおとしたりければ、ねたがりて、陰陽師《おんやうじ》をかたらひて、式をふせたりけるなり。

（『宇治拾遺物語』二・晴明、蔵人少将封ずる事、一二一三〜二一年頃）

秋の夜の長い間に、［安倍晴明は少将の邸で、加持護法を］念入りにしたところ、明け方に［誰か人が］戸をはたはたと叩いたので、「おやおや、人を出して用件を尋ねさせてください」と言って、尋ねさせたところ、この少将の妻の姉妹の夫にあたる、蔵人の五位がいたのであるが、同じ家で、あちらとこちらに別々に離れて住まわせられていて、［妻姉妹の親は］この少将のほうを、よい婿であると待遇よくもてなし、もういっぽうの［蔵人の五位］をひどく低く見ていたので、［蔵人の五位は］、ねたましがって、陰陽師を雇って、式神を祈りだして、少将を呪い殺そうとしたのであった。

○何事かあらむと思ひて、頭さしいだして、西のかたをみやれば、牝牛に乗りたる法師の裸なるが、干鮭を太刀にはきて、牛の尻を**はたく**と打ちて、尻に百千の童部つきて、「東大寺の聖宝《しやうほう》こそ、上座とあらがひして渡れ」と、たかく言ひけり。

（『宇治拾遺物語』十二・聖宝僧正、一条大路渡る事、一二一三〜二一年頃）

［上座法師が］何事が起こっているのだろうと思って、頭を差し出して、西の方向を見やると、牝牛に乗った法師で、裸になっているものが、干した鮭を太刀にして腰につけ、牛の尻をはたはたと打ち、その後ろに百千もの子供たちがついて、「東大寺の聖宝が、上座法師と賭をして通るのである」と、声高らかに言った。

『宇治拾遺物語』には、〈繰り返し戸を叩く音〉と〈牛の尻を繰り返し叩く音〉の例が出てくる。戸は、「ほとほと」と打つ、という言いかたもあるから、これは、その変形かもしれない。しかし、これらも、中古の意味を引き継ぐ、《なにか柔らかいものどうしが繰り返し打ち合わされて鳴る軽い音》で説明がつきそうである。しかも、打つときに用いているものは、「手」であり、これは、打つものが判明している「はたはた」すべてに共通する。このように見てくると、『蜻蛉日記』の追儺の物音を表わしている「はたはた」も、手でなにかを打っている例である公算が強い。

このほか、中世の「はたはた」には、〈鳥が羽ばたく音〉、〈うちわで扇ぐときに鳴る音〉の例なども見出されるが、これもまた、《なにか平たいものが何度もひるがえってたてる軽い音》のようにまとめられる。

とすると、さらに「はたはた」は、《ものが何度も振動することによって、なにかに触れたり、あおられたりして出る軽い音》のような意味としてまとめることができる。

また、中世では、中古にはなかったようなタイプの「はたはた」も見出される。

○義朝ハ又六波羅ノハタ板ノキハマデカケ寄テ、物サハガシクナリケル時、大将軍清盛ハヒタ黒ニサウゾキテ、カチノ直垂ニ黒革オドシノ鎧ニヌリノ、矢オイテ、黒キ馬ニ乗テ御所ノ中門ノ廊ニ引ヨセテ、大鍬形ノ甲《かぶと》取テ着テ緒シメ打出ケレバ、歩武者《かちむしゃ》ノ侍二三十人馬ニソヒテ走リメグリテ、「物サハガシク候。見候ハン」ト云テ、**ハタ〳〵**ト打出ケルコソ、時ニトリテヨニタノモシカリケレ。

（『愚管抄』五・二条、一二二〇年）

［源］義朝は、また六波羅のなかを隠すための板塀の側まで駆け寄って、あたりが騒々しくなったときに、大将軍［平］清盛は、全身黒装束に身を固め、濃紺の直垂に黒革縅の鎧に、漆塗りした矢を背負って、黒い馬に乗って、御所の中門の廊に近寄り、大鍬形の前立てのついた兜を取ってかぶり、［兜の］緒を締めて前に出ると、歩兵の侍、二三十人が、騎馬のわきに従って走りまわって、「なにか騒々しいことです。確認します」と言って、機敏に出て行くのは、まさにこの折にとって、とても頼もしいことである。

○弁慶は西塔に聞えたる持経者なり。御曹司は鞍馬の児《ちご》にて習ひ給ひたれば、弁慶が甲《かう》の声御曹司の乙《おつ》の声、入り違へて二の巻、半巻《はんぐはん》ばかりぞ読まれたり。参り人《うと》のゐいやづきも**はた〳〵**としづまり、行人の鈴のこゑも止めて、これを聴聞しけり。

（『義経記』三・弁慶、義経に君臣の契約申事、一四五七年頃）

弁慶は、［延暦寺の三塔のひとつ］西塔で有名な経読みである。御曹司［源義経］は、鞍馬山の児として読み習われたので、弁慶が甲の読み声、御曹司が乙の読み声で互い違いに、［『法華経』の］ふた巻［譬喩《ひゆ》品《ぼん》第三、信解《しんげ》品《ぼん》第四］を、半分ぐらいお読みになった。［清水寺に］参詣しているひとびとの雑踏の声も、たちどころに静まって、行人の振る鈴の音もとどめて、このふたりの読経を聴聞した。

これらの「はたはた」は、なにか物音がするというのではなく、〈次から次へと速やかに〉といった意味である。この基本要素「はた」は、「はたと気づいた」というときの「はた」と同じもので、〈突然に〉という意味を持つものであるが、その「はた」自体も、もともとは〈なにかとなにかが瞬間的にぶつかり合う音〉を意味する中古以降の「はたはた」の「はた」と源を同じくするものと考えられる。すなわち、〈瞬間的な音〉から、〈瞬間的な行為や事態がおこる様子〉へと意味変化を起こしたのである。

それらをふまえると、『愚管抄』『義経記』の例は、《なにか柔らかいものどうしが繰り返し打ち合わされて鳴る軽い音》の連続的な意味合いと、それらが調子よく速やかに行なわれる様子が抽象化されたものと考えることができる。

近世・近代の「はたはた」

近世になると、「はたはた」の、さらに新しい対象音が見出される。

○夕飯過て日も西に座敷も入めな時分、人顔もそろ〳〵見へず、勝手には燈火《ともしび》の用意する比《ころ》、大臣用に行かれ帰りに、庭の作り木詠めて立てゐらるゝ後から、太夫**はた〳〵**と来て「是与平次さま、先にいふた通り、玉《ぎよく》さまへ是を窃《ひそ》かに進じまして下され」と、嵩高《かさだか》に封じたる文一通、大臣の懐へ入らるれば、「是は」と其文手に持つて、「扨《さて》こそお性根が知れて来た」と、捩《ね》ぢ向かるゝ顔を見て唐土《もろこし》くはつと気を上げ、時ならぬ紅葉面《もみぢおもて》に現はし手持悪き有様。

（『傾城禁短気』一・一・女郎方便の一枚起請、一七一一年）

夕飯が終わって、日も西に傾き、座敷も賑わいがおとろえた時分で、人の顔もだんだん見えなくなって、勝手のほうで灯火の用意をするころ、お大尽の客が小用に立って、帰りに庭の植木を眺めて立っておいでの後ろから、太夫［の唐土］が、はたはたと音をたてて近付いてきて、「ちょっと、与平治さま、さっき言った通り、玉さまに、これを差し上げてください」と、中身を厚く封じこんだ手紙一通を、お大尽の懐へ入れられたので、［お大尽は］、「これは」とその手紙を手に持って、「これで、本心が分かってきた」と、振り向いた顔を見て、唐土は、かっと赤くなって、時季はずれの紅葉を顔に現れさせて、きまり悪げな様子。

○苦しき闇の現《うつゝ》なや。やう〳〵二人手を取合ひ。門口までそっと出で繋金《かきがね》ははづせしが、車戸の音いぶかしく明けかねし折から、下女は火打を**はた〳〵**と、打つ音にまぎらかし丁《ちやう》ど打てばそっと明け。かち〳〵打てばそろ〳〵明け。合せあはせて身をちゞめ袖と袖とをまきの戸や。虎の尾を踏む心地して二人つゞいてつっと出で、顔を見合せア、うれしと死《しに》に行く身をよろこびし、あはれさつらさあさましさ。あとに火打の石の火の命の、末こそみじかけれ。

（近松門左衛門『曾根崎心中』、一七〇三年）

なんと苦しい闇のなかの現実か、やっとのことでふたり［お初・徳兵衛］は手に手を取り合って、出入口までそっと出て行き、戸の掛けがねははずしたものの、車のついた戸が［開けると音がするのではないかと］気がかりで、開けるのをためらっていた、ちょうどその時に、下女が火打ち石をはたはたと打つ音にまぎれさせ、ちょんと打てば、そっと開け、かちかち打てば、そろそろと開けて、ふたりの体と体をくっつけあって体を小さくして、袖と袖とをまき合わせながら出て行くのは、まさにその槙（まき）の戸なのだ。虎の尾を踏むような気持になりながら、ふたりが続いてすっと外に出て、顔を見合わせて、ああ嬉しいと、心中しにゆく我が身を喜んだ、その哀しさ、辛さ、嘆かわしさ。背後に鳴る火打ち石のおこす火のように、命の行く末は短いのだ。

『傾城禁短気』の例は、遊女の唐土太夫が、足音をたてながら近付いてくる場面であるが、「はたはた」は足音だけではなく、急ぎ足の身のこなしにともなう着物の衣擦れの音、そして、なにか気のあせりまでも含んでいるようである。

『曾根崎心中』の例は、最終の大きな山場で、よく知られた、お初と徳兵衛が、心中をするために天満屋《てんまや》を抜け出す場面である。この「はたはた」も、単純な擬音語というよりも（あとで、「ちやう」「かちかち」という擬音語が出てくる）、『傾城禁短気』でも見たような、はやく火をおこそうという下女のあせりの気持も表わされているように思われる。もとは擬音語であったものが、擬態語のようにも用いられるというのは、「があん」のときにも見られたものである。

近代になっても、「はたはた」は用い続けられるが、目新しい対象音はなくなる。

○店先に腰をかけて往来《ゆきゝ》を眺めし湯がへりの美登利、はらりと下《さが》る前髪の毛を黄楊《つげ》の鬢櫛《びんぐし》にちやつと搔きあげて、伯母さんあの太夫《たゆう》さん呼んで来ませうとて、**はたはた**駆けよつて袂《たもと》にすがり、

（樋口一葉「たけくらべ」八、一八九五年）

○　ある朝　僕は　空の　中に、
　黒い　旗が　はためくを　見た。
はたはた　それは　はためいて　ゐたが、

音は　きこえぬ　高きが　ゆゑに。
　手繰り　下ろさうと　僕は　したが、
綱も　なければ　それも　叶はず、
　旗は　**はたはた**　はためく　ばかり、
空の　奥処《をくが》に　舞ひ入る　如く。
（中原中也「在りし日の歌」曇天、一九三八年）

「たけくらべ」の例は、近世の『傾城禁短気』でも見た〈足音をたてながら近付く様子〉、「在りし日の歌」の例は、〈旗が風にひるがえる音〉である。

「ばたばた」の展開

はっきりとした「ばたばた」の例が見つけられるのは、近世以降である。これは、濁音の仮名に必ず濁点をつける習慣がなかったことで確かな例が見出しがたいためである。

○Batabata. バタバタ（ばたばた）副詞。鳥が羽ばたく時に、あるいは、物と物がぶつかり合ったりふれあったりする時に出る音の形容。
（『日葡辞書』、一六〇三～〇四年）

『日葡辞書』は、日本語がポルトガル式のローマ字つづりで書き表わされているため、清音と濁音を峻別せざるをえず、そのため貴重な濁音としての例がのこっている。このような事情を考慮すると、これまでに述べてきた「はたはた」の例のなかにも、あるいは、「ばたばた」で解すべきものがあったのかもしれない（『蜻蛉日記』の「こほこほ」が、注釈書によっては「ごほごほ」となっている、ということも想起される）。

近世以降の「ばたばた」の用例は、基本的に、それまでの「はたはた」の用法と対応しつつ、濁音によるオノマトペ特有の、〈強さ〉〈重さ〉〈激しさ〉などが特徴となっている。

○仕舞風呂に入て身をあらため、色つくるまに茶漬食《ちやつけめし》をこしらへ、箸したに置《おく》と、借着物《かしきるもの》始末にかまはず引しめ、久六挑灯《てうちん》ともせば、揚口《あがりくち》より**ばた〳〵**歩み、

（井原西鶴『好色一代女』五・小歌の伝受女、一六八六年）

おしまいの風呂に入って、身をきれいにし、化粧をする間に茶漬け飯をつくり、食べ終わると、借り着の着物をどんなものでも構わず着こみ、下男が提灯をともすと、上がり口からばたばたと出かけてゆき、

○何の因果《いんぐわ》に死ぬる契約したことぞ。思へば悔しうござんすと、膝にもたれ泣く有様、ム、

聞届けた、思案有り。風も来る人や見ると、格子の障子**ばた〳〵**と、立聞《たちぎ》く治兵衛が気も狂乱。

（近松門左衛門『心中天の網島』上、一七二〇年）

「何の因果で、［治兵衛などと］心中の約束なんかをしたことか、思えば悔しゅうございます」、と［小春は、客の侍の］膝にすがって泣く様子である。「むむ、願いはわかった、いい考えがある」と言って、風も入ってこようし、人が見るかもしれないと、格子の障子をばたばたと閉めると、立ち聞いていた治兵衛は、気も狂乱におちいる。

『好色一代女』の「ばたばたと歩み」は、さきに見た『傾城禁短気』の「はたはたと来て」に対応するし、『心中天の網島』の「障子をばたばた（閉める）」のも、中世以来の《なにかとなにかが打ち合ってたてる音》と結びつく。ただ、どちらの例も、騒々しさが強調されている。また、次のような「ばたばた」は、もはや擬音語ではなくなっているが、やはり、中世に見られた、〈次から次へと速やかに〉という意味を受け継ぐものである。そして、これらの例も、ただ〈次から次へと速やかに〉というだけでなく、激しい勢いをともなうものである。

○親太郎右衛門は次男太郎八に跡をゆづりしに、兄とはちがひ色狂いはみぢんもせざれども、その替りに智恵うとく、商売に無精にして、手代共にぬすまれてはたたし、二、三年の間に、

ばた〱と身代つぶれ、太郎八も是を気にして相果て、
（江島其磧『浮世親仁形気』五・一・独り楽しむ偏屈親父、一七二〇年）

親の太郎右衛門は、次男の太郎八に跡目を譲ったが、［太郎八は］兄とは違って、色におぼれることはちっともしないけれども、そのかわりに、智恵が足りずに、商売にも身を入れず、手代どもに［財産を］使い込まれてすっからかんになり、二、三年の間に、あれよあれよという間に身代がつぶれ、太郎八もそれを気に病んで死んでしまい、

○二人は只一心不乱、泣いつ、笑ふつ巻かける、くだももつれて目もちろ〱、何をいふのも夢半分、将棊倒《しやうぎだをし》に**ばた〱**と、笑ひねいり泣ねいり、腹立《テ》ねいりに正躰なく。入相告《いりあひつぐ》る鐘諸共、がう〱と高いびき
（並木千柳他『源平布引瀧』四、一七四九年）

［酒に酔った平次と又五郎の］ふたりは、［酒がまわって］ただ一心不乱に、泣いたり笑ったりしながら巻くくだも、舌がもつれて、目の焦点も定まらず、何を言うのも半分夢心地、並べて立てた将棋の駒が倒れるように次から次へと、笑いながら寝入り、泣きながら寝入り、腹を立てながら寝入って、正体もなく、日の入りを告げる鐘の音と共に、ごうごうごうと高いびきをかく。

近代に入っても、「ばたばた」は使われ続ける。

○廊下の硝子障子から差し込む雪明りで、微かではあるが、薄暗い廊下に慣れた目には、何もかも輪廓丈《だけ》はつきり知れる。一目室内を見込むや否や、お松もお花も一しよに声を立てた。

お花はその侭《まま》気絶したのを、お松は棄てて置いて、廊下を**ばたばた**と母屋の方へ駈け出した。

（森鷗外「心中」、一九一一年）

○また一疋の甲虫《かぶとむし》が、夜だかののどに、はいりました。そしてまるでよだかの咽喉をひっかいて**ばたばた**しました。よだかはそれを無理にのみこんでしまひましたが、その時、急に胸がどきっとして、夜だかは大声をあげて泣き出しました。泣きながらぐるぐるぐるぐる空をめぐったのです。

（宮沢賢治「よだかの星」、一九二一年頃）

鷗外の「心中」の「ばたばた」は、足音だけではなく、心中を見つけて慌てた様子や慌ただしさも表わされている。宮沢賢治の「よだかの星」の「ばたばた」も、甲虫がよだかの喉のなかで、もがく様子を表わしている。これらのような「ばたばた」の感覚は、現代に引き継がれて、「ちょっと今、ばたばたしていて手が放せませんので……」のような用法を生んでいる。

「ぱたぱた」の展開

「ぱたぱた」の例はあまり見出せないが、現在知られている近世における例は、次のものである。

○待合の辻へどつさりと、懐中より芥子人形を出しかけて、始り〳〵と、大音に遣りければ、中の町の禿とも、われも〳〵とかけ付、ざんじが中に先生女郎も挙《こぞ》り寄り、数万の女郎我れ一先にと、手を出す処を、芥子人形を**ぱた〳〵**と箱に入、早蕨《さわらび》といふ女郎が、握り小ぶしを出す処を、しつかりと握り、

（『風流廓中美人集』異見の段、一七七九年）

待合の辻［新吉原揚屋町の角］に、どっさりと懐から豆人形を出して、始まり始まりと［口上を］大声でやると、中の町の禿の少女たちが、我も我もとやってきて、短い間に、年長の女郎も大挙してやってきて、数多くの女郎たちが、私が一番先にと手を出すのに、芥子人形を次から次へと箱にしまい入れ、早蕨という女郎が握り拳を出すのをしっかりと握り、

これは、芥子人形をえさに遊女たちを集め、たくさん集まったところで、その人形は箱にしまいこむ、という場面である。芥子人形を箱に入れる様子を「ぱたぱた」というオノマトペで

表わしている（珍しく、原文の「は」には半濁音符が付いている）。これは、「はたはた」「ばたばた」でも見られた、〈次から次へと速やかに〉という意味のものである。入れたものが、芥子人形というごく小さいものであるので、「ぱたぱた」という軽めのオノマトペが用いられているのであろう。

また、幕末の、ヘボンによる辞書、『和英語林集成』初版（一八六七年）にも掲載されている。

○PATA-PATA, パタパタ、*adv.* The sound of repeated slaps, flaps, or clapping. *Niwatori ga — to habataki wo suru.*

slapは、平たいもので打つという意味、flapは、旗が飜ったり、鳥が羽ばたくという意味、clapは、手を叩くという意味であり、これは、「はたはた」で見た用法と一致して興味深い。また、これらはすべて、擬音語としての意味合いであり、さきに見た『廓中美人集』が擬態語であるのとは対照的である。

近代の用例には、次のようなものがある。「ぱたぱた」は、「ばたばた」と比べると、〈弱さ〉〈軽さ〉〈明るさ〉が表わされている。

○「本当《ほんと》に好くつてよ、然《さ》う遠慮しないでも。今持つて来てよ」、と蝶の舞うやうに翻然《ひらり》と身を翻かえして、部屋を出て、姿は直ぐ見えなくなつたが、其処《そこ》らで若い華やかな声で、「其代《その》り小さくッてよ」、といふのが聞えて、軽い足音が**パタパタ**と椽側を行く。

私は荷物の始末を忘れて、雪江さんの出て行った跡をうつかり見ていた。事に寄ると、口を開《あ》いていたかも知れぬ。

（二葉亭四迷「平凡」二十八、一九〇七年）

○瓦を噛むやうに棟近く、夜鴉《よがらす》が、かあ、と鳴いた。
鳴きながら、伝うて飛ぶのを、懵《ぼう》として仰ぎながら、導かれるやうにふら〳〵と出ると、声の止む時、壇階子《だんばしご》の横を廊下に出て居た。

只《と》見ると打向い遥か斜めなる、渠《かれ》が病室の、半開きにして来た扉《と》の前に、ちらりと見えた婦《おんな》の姿。――出たのか、入つたのか、直ぐに消えた。

ぱたぱたと、我ながら慌《あわた》しく跫音《あしおと》立てて、一文字に駈けつけたが、室へ入口で、思はず釘附にされたやうに成つた。

（泉鏡花「婦系図」四十八、一九〇七年）

○「俺初めて聞いて吃驚《びつくり》したんだけれどもな、今迄の日本のどの戦争でも、本当は――底の底を割つてみれば、みんな二人か三人の金持の（そのかわり大金持の）指図で、動機《きつかけ》だけは色々にこじつけて起したもんだとよ。何んしろ見込のある場所を手に入れたくて、手に入れたくて**パタ**〳〵してるんだそうだからな、そいつ等は。――危いそうだ。」

（小林多喜二「蟹工船」六、一九二九年）

「平凡」の、「軽い足音」、「婦系図」の「慌だしく」など、「ぱたぱた」の持つ特性を言い表わしている。「蟹工船」の「ぱたぱた」の例も〈落ちつきがない様子〉を意味している。「ぱたぱた」は〈軽さ〉が特徴であると前述したが、この例は、欲に目がくらんで物欲しそうな人間の本質的な軽さも表わしている。

以上のところをまとめると、次のようになる。

	中古	中世	近世	近代
「はたはた」	《ものが繰り返したてる軽い音》→			
「ばたばた」		〈次から次へと速やかに〉→	《ものが繰り返したてる強い音》→	
「ぱたぱた」			〈次から次へと激しく速やかに〉→	《ものが繰り返したてる軽い音》

第十一節　ふわふわ――マイナスからプラスの評価へ

当初は非難の言葉

「ふわふわ」や「もちもち」「もふもふ」「ぷるぷる」のような〈柔らかさ〉を表わすオノマトペが、今、非常に好まれているという。たとえば、食べものなどの商品名にこれを加えると、売り上げが伸びるとも言われる。ぎすぎすしたこの現代社会、柔らかくゆったりした気持にさせてくれる柔らか系のオノマトペは、欠かせないものなのであろう。

そのひとつである「ふわふわ（ふはふは）」は、中世から例が見える。

○右衛門尉季重　顔ハ**フワ〳〵**トシテ。希有之任官哉。

（『吾妻鏡』元暦二年四月十五日、一一八五年）

右衛門尉季重　顔はふくれていて、とんでもない任官であることだ。

これは、内々の推挙がないにもかかわらず任官したものに対して、源頼朝がそれを無効とした文書中の記述である。不適切な任官について、その名前を挙げ、否定的なコメントを書き記している。この右衛門尉《うえもんのじょう》季重《すえしげ》は、顔が「ふわふわ」しているというのであるが、他の不適切な任官者について言われている「目ハ鼠眼ニテ」とか「色ハシロラカニシテ、顔ハ不覚気ナルモノ」などといった、人相風体に関する他の記述から推して、これはよい評価ではないと判断される。といっても「ふわふわ」としか書かれていないので、そこは推測するしかないが、腫れぼったい顔で、武士たる精悍《せいかん》さがないというような評価なのだろう。しかし、公的な文書にこのようなある種の悪口が書いてあって、しかも、それがオノマトペというのは面白い。

また、「ふわふわ」は、当時の語源辞書にも載っている。これまでも何度か出てきた、『名語記』である。

○問　人ノ形躰シ、ツキノ　**フハ〳〵**ト　フハミタリトイフ　フハ如何
答　フハ、　ハレハタノ反　腫膚也　腫肌ト也
次　ヒトノフルマヒノ　**フハ〳〵**如何　ホユヘラノ反　ホルヒカノ反
次　肩ヲ**フハ〳〵**トツカフ如何　フハ、　フルヒラノ反　フルハヤノ反　風波歟

次　風ノフク　フハ如何　フクヒカ　フクヘラ　フクハヤノ反

（『名語記』五・フハ、一二七五年）

問　人のからだの肉付きが、「ふはふは」として、「ふわん」でいるというが、その「ふは」とは何でしょうか。答「ふは」とは「ハレ・ハダ」の反です。「腫膚」とか「腫肌」ということです。

次　人の行動で「ふはふは」とは何でしょうか。「ホユ・ヘラ」の反、「ホル・ヒカ」の反です。

次　肩を「ふはふは」と使うとは何でしょうか。「ふは」は、「フル・ヒラ」の反、「フル・ハヤ」の反、風波ということでしょうか。

次　風の吹く「ふは」は何でしょうか。「フク・ヒカ」、「フク・ヘラ」、「フク・ハヤ」の反です。

なかに、意味不明な説明の箇所もあるが、「ふわふわ」は、人の肉付き、人の行動、肩の使いかたについて言ったことが分かる。肉付きについて言う「ふわふわ」は、「腫膚・腫肌」と漢字が付されて「腫れる」との関わりがあると考えられていたようであることと、さきに見た『吾妻鏡』の例などからも推せば、あまりいいニュアンスとは考えられない。また、人の行動の「ふわふわ」についても、「ほゆへら」「ほるひか」で説明している。「へら」は「減る」と関わり、「ひか」は「僻《ひが》」と考えると、これもまた、あまりよい行動ではなく、なにかが失われたり、間違っていると思われたりするような、浮ついて軽い行動について言われたのではないかと思われる。肩の使いかたについては、「ふる・ひら」「ふる・はや」というのだから、「振る・平」「振る・速」であろうか。水平方向に速く動かすということか。「風波」との関連も指摘しているので、波打つような上下運動も含意しているのかもしれない。

以上のように、「ふわふわ」は、「肩をふわふわ使う」のような場合は別にして、その当初は、どうもあまりよいニュアンスとは言えなかったようである。

近世の「ふわふわ」

さて、「ふわふわ」と言えば、現代では、〈揺らめきながら宙に浮く様子〉も意味する。このような例は、近世から見える。

○（太郎冠者・二郎冠者）「かもの川原をとをるとて、ふみをおといたよなふ、かぜのたよりに、つたへとゞけかし（太郎冠者・二郎冠者）「さああふげ〳〵（太郎冠者・二郎冠者）

「**ふは〳〵**とあがるぞ〳〵（太郎冠者・二郎冠者）「おふげ〳〵

（虎明本狂言『文荷』、一六四二年）

〈太郎冠者・二郎冠者〉「賀茂の河原を通っていたら、手紙を落としてしまったよのう、「手紙よ」風の便りということもあるから、風に吹かれて伝わって届くんだぞ」〈太郎冠者・二郎冠者〉「ふわふわと、空に上がるぞ、上がるぞ」〈太郎冠者・二郎冠者〉「[もっと]扇げ、扇げ」〈太郎冠者・二郎冠者〉「さあ、扇げ、扇げ」

この例は、主人から、手紙を届けることを命じられた太郎冠者・二郎冠者のふたりが、道すがら手紙を取り合って破いてしまったので、困ったあげく、風の便りということもあるから、手紙を扇げば届くかもしれないなどと能天気なことを考えついて仕事を放棄、その手紙を、小唄を唄いながら扇であおいで飛ばす場面である（このあと、気になって見に来た主人にそれを見つかり叱られて追い回されるという、よくある狂言の終わりかたとなる）。ここでは、手紙が〈揺らめきながら宙に浮く様子〉を、「ふわふわ」というオノマトペで表わしている。

近世には、卵について言う「ふわふわ」が目に付く。

○思切つたと誓言《せいごん》すれど、今宵契《ちぎり》の恋風は、生姜酒《しょうがざけ》でも防がれず、気も**ふはく**の玉子酒。まゝよ行ってのきょ。さうも成るまいか。どうせうか、かう生姜酒、辻にしょっつくばうて、思案中橋恋しさまさる。胸搔廻《かきまは》す玉子酒。

（近松門左衛門『丹波与作待夜小室節』与作をどり、一七〇七年）

もうあきらめたと誓いの言葉を言ったけれども、今夜契りを結んだ恋の風邪ひきは、生姜酒でも防ぐことはできず、気持もたしかでなく浮き立ってしまうのはふわふわの玉子酒のよう、いっそのこと、会いに行ってしまおう、いや、そうもできないか。どうしようか、こうしようかと生姜酒、道の辻にうずくまって、思案をするけれども、思案の橋の半ばでもう恋しさがまさる。胸をかき回す思いは、玉子酒をつくるときの玉子をかき回すかのよう。

○猩々《しょうじょう》の徳右衛門と異名の付し大酒ずき、夢に友達の方へ行けり。是は徳右衛門どの、珍らしいお出かな。サアお上り。幸ひ貴様のすきの名酒がある。しかし肴はないが、玉子がある。是を**ふはく**に致そう程に、其間《ま》に貴様はかんをして下され。心得たりと徳右衛門、かまの下を焚《たき》つけ、しばらくして釜のふたをあけんとすれば、ゆめさめたり。ヱヽ、冷《ひや》でのめばよかつたに

（『夕涼新話集』二・夢の有合、一七七六年）

猩々《しょうじょう》の［ような大酒飲みの］徳右衛門とあだ名の付いた大の酒好きが、友人の家に行った夢を見た。友人が「これは徳右衛門殿、珍しいお出でだ。さあ、家に上がってください。幸い、あなたの好きな名酒があります。しかし酒の肴がないけれども、玉子がある。これ

をやわらかく料理いたしますので、そのあいだに、あなたさまは、酒の燗をしてくださいという。「わかった」と徳右衛門は、［燗の徳利をいれた］釜の下に火をたきつけて、しばらくして釜のふたをあけようとしたところで、夢がさめた。「ええい、冷やで飲めばよかったのに……」

『丹波与作待夜小室節』の「ふわふわ」には、「気もふわふわ」と「ふわふわの玉子酒」の両方の意味が込められていて、「気もふわふわ」のほうは、〈恋の思いに気持が宙をただようような様子〉、「ふわふわの玉子酒」のほうは、〈柔らかくふっくらと仕上げた様子〉が含意されている。「気もふわふわ」のほうは、心持ちマイナスのニュアンスもあるかもしれない。また、『夕涼新話集』のほうは、小咄で、夢がさめて酒を飲み損なった大酒飲みの男の話であるが、酒の肴として、玉子をやわらかくふっくらと仕上げようとしている。近世において、「ふわふわ」の一典型として、この玉子焼きがイメージされていたというのは面白い。

○あまどをさらりとあけたところが、なにかにはのすみに、しろいものがちうとに**ふはく**。北八きやつといつてたをれる　弥二「ヤアどふしたく　北八「どふした所か、あれを見ねへ　弥二「あれとは　北八「しろいものがたつていらア。そしてこしから下が見へぬ

（十返舎一九『東海道中膝栗毛』三・下、一八〇四年）

雨戸をすばやく開けてみると、なにか庭のすみに、白いものが宙に揺らめいて浮いている。北八は、きゃっと言って倒れる。弥二「やあ、どうした、どうした」北八「どうしたどころではない、あれを見てみろ」弥二「あれとは、なんだ」北八「白いものが立っているよ。そして、腰から下が見えない」

この例は、〈揺らめきながら宙に浮く様子〉で解釈できるものである。また、幕末の和英辞書にも掲載がある。

○FUWA-FUWA, フワフワ、*adv.* In a light airy, buoyant manner, spongy, buoyantly. *Kami ga kaze ni — to agaru,* paper rises buoyantly in the air. *Pan ga — to fukureta,* the bread is spongy and light.

（『和英語林集成』初版、一八六七年）

buoyantは、〈浮力のある様子〉であり、「紙が風にふわふわと上がる」「パンがふわふわとふくれた」のそれぞれの「ふわふわ」の意味は、これまで見てきた、〈揺らめきながら宙に浮く様子〉と〈やわらかくふっくらとした様子〉の両方と一致する。後者の例が、「玉子」ではなく「パン」になっているところも面白い。

近代の「ふわふわ」

近代における「ふわふわ」の例を見てみよう。

○此書生というのは時々我々を捕えて煮て食ふという話である。然し其当時は何という考もなかつたから別段恐しいとも思はなかつた。但《ただ》彼の掌に載せられてスーと持ち上げられた時何だかフハ〳〵した感じが有つた許《ばか》りである。掌の上で少し落ち付いて書生の顔を見たのが所謂《いはゆる》人間といふもの丶見始《みはじめ》であらう。

（夏目漱石『吾輩は猫である』一、一九〇五～〇六年）

この例は、書生に持ち上げられた猫の感覚で、〈不安定な感じで宙に浮く様子〉という意味であると考えられる。後のところで、「掌の上で少し落ち付いて」とあることからも、それが確認できる。さきに見た〈揺らめきながら宙に浮く様子〉の変形とみてよいだろう。ちなみに漱石は「ふわふわ」というオノマトペも好んでいたようで、他の作品にもかなり多くの例を見出すことができる。

○南洋の日にやけた裸か女のやうに

夏草の茂つてゐる波止場の向うへ　ふしぎな赤錆びた汽船がはひつてきた
ふはふはとした雲が白くたちのぼつて
船員のすふ煙草のけむりがさびしがつてる。

（萩原朔太郎『青猫』「題のない歌」、一九二三年）

○それは大そう蒸し暑い晩のことでしたが、ナオミは白つぽい、**ふは〳〵**した、薄紫の葡萄の模様のあるモスリンの単衣を纏つて、幅のひろい、派手な鴇色《ときいろ》のリボンで髪を結んでゐました。

（谷崎潤一郎『痴人の愛』三、一九二四〜二五年）

これらの例は、〈雲〉の形容、〈モスリンのドレス〉の形容であるから〈柔らかくふっくらとした様子〉と解釈できる。ちなみに、萩原朔太郎もオノマトペ好きで、自身、鶏の鳴き声を「とをてくう　とをるもう」とか、犬の鳴き声を「のをあある　とをあある　やわあ」などと独創的なオノマトペを編みだしている。

○さて、五年に近い遍歴《へんれき》の間、同じ容態に違つた処方をする多くの医者達の間を往復するやうな愚かさを繰返した後、悟浄《ごじょう》は結局自分が少しも賢くなつてゐないことを見出した。賢くなる所《どころ》か、何かしら自分が**フハ〳〵**した（自分でないやうな）訳の分らないものに成り果てたやうな気がした。

（中島敦「悟浄出世」、一九四二年）

この「ふわふわ」は、〈足元の定まらない様子、確固とした自分がない様子〉のように解釈できる。これは、さかのぼれば、『名語記』にあった、〈行動が浮ついて軽い様子〉を意味する人の振る舞いの「ふわふわ」につながるような例であると考えられる。現代でも、人を評価する「ふわふわ」はよい評価にはならない。「パン」や「ケーキ」、料理などなら、「ふわふわ」はプラスの評価なのに、「ふわふわな人間」はマイナス評価なのは面白い。

以上をまとめると、次のようになる。

	中世	近世	近代
「ふわふわ」	〈ふくれている様子〉マイナス評価		
	〈行動が浮ついて軽い様子〉→	→	→
		〈揺らめきながら宙に浮く様子〉→	→
		〈柔らかくふっくらした様子〉→	→

第十二節　ほのぼの――非オノマトペからオノマトペへ

オノマトペではなかった「ほのぼの」

現代日本語で、「ほのぼの」は、〈なにかある好意の持てる出来事を目にしたり体験して、温かい心持ちになるさま〉を表わすオノマトペとして意識され、用いられている。たとえば、混んだ電車やバスの席に座って、周りを気にせず大声でしゃべっている若いカップルが、おばあさんが前に立ったとたん、当たり前のように立って席を譲る光景を目にして、まだまだ世の中捨てたもんじゃないなと思いつつ、感じる気分が「ほのぼの」である。

しかし、「ほのぼの」の「ほの」は、「ほのか」「ほの暗い」「ほの見える」などに用いられている「ほの」と同じで、〈かすかな様子、わずかな様子〉を表わす要素である。そう考えると、さきに見た「いらいら」と同様、「ほのぼの」も、もとを正せばオノマトペではなかった、ということになる。また、「ほのか」も「ほの暗い」も、〈温かさ〉とは関係ない。「ほの」は、もともと〈温かさ〉とは関係がなかったのである。
さて、「ほのぼの」は、中古から見られる。

○**ほのぼの**と明石のうらの朝霧に島がくれ行く舟をしぞ思ふ　読み人知らず
（『古今和歌集』巻九・羇旅・四〇九、九〇五年）

少しずつ、夜が明けてゆく明石の浦の朝霧のなかにかすかに見えつつも、島の向こうに隠れゆく（旅の）船のことを思う

この歌は、左注に「このうたは、ある人のいはく、柿本人麿が歌なり」ともあり、万葉風の歌であると認識されてもいたようである。羇旅《きりょ》の歌であることを踏まえれば、歌中の「舟」は、漁の舟ではなく旅の舟ということになる。夜明けを待っていた舟が、少しずつ白みかけてきたのを機に船出をしようとしたが、折あしく朝霧がたって視界はよくない。それでも出港して、舟は、朝霧のなかを進んで行き、そのあいだは、ぼんやりと船影が見えてもいたが、舟は島の向こうについにその影を消してしまう。そのような情景が思い浮かぶというのである。さまざまな理解が可能な歌ではあると思われるが、当時のことを考えると、やはり、旅の困難を詠んだものと考えておくのがよいのではないだろうか。

これは、「ほのぼの」の最も古い例であるが、この歌をはじめとして、「ほのぼの」は、〈夜明けの様子〉と強い結びつきを持つ。

○　山家暁月《さんかぎようげつ》といへることをよめる　　権中納言顕隆

山里の門田の稲の**ほの〴〵**とあくるもしらず月を見るかな

（『金葉和歌集』巻三・秋・一二五、一一二六年頃）

山里の家では、その門先にある田に実る稲の穂先もほのぼのと、少しずつ夜が明けることにも気づかず、月を眺める、ということなのだな

この歌は、「山家暁月」、すなわち、「山里にある家の夜明けの月」というテーマで詠んだものである。山里の家の門先には田があり、秋のことであるから稲穂《いなほ》が実る。それを序詞として、「ほ」の音を引き出しながら、少しずつ夜が明けていくことが歌われる。夜は少しずつ明けているのに、それに気づかないまま月を眺め続けている。夜明け前は、月だけが明るい光を放つ。しかし、しだいに夜が明けていくと周囲も明るくなる。夜明けは、稲の穂先もほのぼのと明るくする。稲の色は月の色と同じなのだから、その色に気づきそうなものなのに、ただ月に見ほれているのである。

○　春のはじめの歌　　　　　　　　太上天皇［後鳥羽院］

ほのぼのと春こそ空に来にけらし天《あま》の香具山霞たなびく

（『新古今和歌集』巻一・春上・二、一二〇五年）

少しずつ明けた空にほんのかすかに春はやってきたようだ。天の香久山に、朝の霞がたなびいている

この歌は、「春のはじめ」を詠んだものであるが、本歌として「久方のあまの香具山このゆふべ霞たなびく春立らしも」（『万葉集』巻十、柿本人麻呂）が指摘できるので、「春たつ」とは明記されてはいないものの、立春、あるいは少なくとも、立春のごく近い時期の歌ということになる。春上の巻の二番に置かれているのも、そのためである。

意味は一見平明に見え、「きにけらし」が、「来にけるらし」から転じたものという注釈程度ですみそうにも思える。しかし、この歌は、前述の本歌を踏まえているということのほかに、「ほのぼの」で、夜明けの情景を詠んでいるという含意がある。すなわち、天の香久山にたなびいているのは、朝霞なのである。

また、空には春が来ているが、地にはまだ春は来ていない、その証拠に、地にはまだ春の訪

れを感じさせるものはない。そんなかすかな春の到来なのだという含意があるとも解釈できる。そう考えると、この歌は、平易どころではなく、重層的な意味を持つといえる。

「ほのぼの」の本質

さて、「ほのぼの」は、〈夜明けの様子〉と強い結びつきはあるが、注意しておきたいのは、「ほのぼの」という言葉そのものは、〈かすかな様子・わずかな様子〉という意味の「ほの」を重ねただけのものなので、言葉の意味そのものに〈夜明けの様子〉が含まれるわけではないということである。たとえば、次の例はどうであろうか。

○帝、仲頼、行政に、琴をその声に調べさせたまひて、行ひ人に、孔雀経、理趣経読ませたまひて、合はせて聞こし召すに、あはれに悲しく、涙落さぬ人なし。
帝、この行い人を、**ほのぼの**御覧ぜしやうに思さる。大将、仲忠などは、春日にて見たまひしかば、それと思へど、恥ぢかしこまりしを思して、ただ今もいみじう思へるを見れば、知らぬやうにてさぶらひたまふ。

（『うつほ物語』吹上下、九七〇年頃）

帝［嵯峨院］は、仲頼と行政に、琴を行者の読経の声に合わせて弾かせ、行者に、孔雀経、理趣経をお読ませになって、両方合わせてお聞きになると、しみじみとして悲しく、周りにも涙を落さないひとはいない。

帝は、この行者を、かすかにご覧になったようにお思いになる。大将［左大将正頼］や仲忠などは、春日詣での折にご覧になっていたので、すぐに［忠こそだと］分かったけれども、［春日詣での折にも忠こそが］恥ずかしそうにかしこまっていたのを思い出し、また、ちょうど今もひどくかしこまった思いでいるのを見ると、そしらぬようにしていらっしゃる。


この例は、行者に身をやつしている忠こそを、帝［嵯峨院］が、どうも見たことがあるようだと思っている場面である。忠こそは、嵯峨院の右大臣橘千蔭の子であり、殿上の童として宮中に伺候していたことがあるので、面影はあるものの、今は「木の皮、苔の衣」を着た、行者の姿なので確信が持てないのである。それに対して、大将や仲忠は、一度、春日詣での折に会っているので、そのことは知っている、という場面である。

ここの「ほのぼの」は、「御覧ず」にかかって、かすかに見たような気がすると思っているのである。

また、こんな例もある。

○いとほしかりし物懲《ものご》りに、上げもはてたまはで、脇息をおし寄せてうちかけて、御鬢《びん》ぐきのしどけなきをつくろひたまふ。わりなう古めきたる鏡台の、唐櫛笥《からくしげ》、掻上《かかげ》の箱など取り出でたり。さすがに、男の御具さへ**ほのぼの**あるを、されてをかしと見たまふ。

（『源氏物語』末摘花、一〇〇八年頃）

［光源氏は末摘花に］以前、かわいそうなことをしたのに懲りて、［格子を］全部上げることはしないで、脇息を［格子のところまで］押し寄せてその上に格子をもたせかけ、御鬢の毛筋が乱れているのをお直しになる。［末摘花は］ひどく古びた鏡台の唐櫛笥や髪上げの箱などを取り出した。ちゃんとやはり、男用の御道具まで、ほんの少しはあるのを、［光源氏は］気が利いて面白いと御覧になる。

末摘花のところに泊まった翌日の朝、乱れた鬢の毛筋を直そうとすると、末摘花が、ひどく古びてはいるが、男物の道具を出してきた。わずかなりとも、そのような用意があるにはあるのだが、いかんせん、古びているし、品数もわずかということを、「ほのぼの」と表現しているのである。男の訪れも「ほのぼの」であるということも利かせているのかもしれない。

以上のように、「ほのぼの」は、元来は、《かすかなさま・わずかな様子》のみを根本的な意味として有し、それが、〈夜明けの様子〉や〈見聞きする様子〉や〈もののありよう〉などに適用されていたとまとめることができる。なかでも、〈夜明けの様子〉と結びつくことが多かったことは、すでに述べた通りである。

このような状況は、中世においても変わらない。

○供奉《ぐぶ》の諸卿、衣冠を解《ぬ》いで折烏帽子に直垂を着し、七大寺詣《まうで》する京家《きやうけ》の青侍などの、女性《にようしやう》を具足したる体《てい》に見せ、跡より追手や懸かるらんと、肝心もなくて行く程に、古津《こづ》の地蔵過ぎさせ給ひける時、夜は**ほのぼの**とぞ明けたりける。ここにて朝餉《あさがれひ》の供御《くご》を進《まゐ》らせたりけれども、はかばかしくも聞こし召されず。

（『太平記』巻二・主上御出奔師賢卿天子の号の事、一四二〇年）

［後醍醐天皇に］お供する公卿たちは、衣冠をとって、折烏帽子に直垂を着て、七大寺詣でをする公卿奉公の若侍などが、女性を連れているように見せかけ、あとから追手がやってくるのではと、おびえながら行くうちに、古津の地蔵のあたりをお通り過ぎになられるころ、夜は少しずつ明けていった。ここで、帝の朝食をさし上げたけれども、たいしてお召し上がりにはならなかった。

○月深《ふ》け行けば、女房達箏柱《ことぢ》を立て直して、秋風楽を身に染むばかり調べしに、かの妃宮《ひめみや》は琵琶を御膝の上にかきのせて、撥《ばち》の音気高《けだか》く弾き玉ひて、打ち傾けさせ玉へる御傍顔《そばがほ》ゆらゆらとこぼれ懸かれば、御髪のはづれより**ほのぼの**と見えたるその気色、月のかほに映じ

て何れとも見え分かざりし消息《ありさま》は、妙音大士の花の台《うてな》の座に忽《たちま》ち連なる心地して、

（『太平記』巻二十一・覚一真性連平家の事、一四二〇年）

月が傾くと、女房達は、箏柱を立て直して、秋風楽を一心に演奏したところ、例の姫君は、琵琶を御膝の上にのせて、撥の音も優雅にお弾きになって、かたむけた横顔に髪がゆらゆらとこぼれ懸かると、髪との境目からわずかに見えたその様子、月が顔を照らして、どこがどうとも区別できないありさまは、弁財天の花の台座にすぐさま並んでいるような心持ちがして、

ここでは、二例とも『太平記』の例を挙げたが、いずれも、「ほのぼの」は〈夜明けの様子〉、〈見聞きする様子〉が、《かすかである様子》を表わしていることが、確認できる。

「ほのぼの」の転機

「ほのぼの」は、近世に入ると、ある転機を見せるようになる。それは、たとえば、次のようなものである。

○　明　石

ほの〴〵とあかしじゆくする柿の本

（『塵塚誹諧集』上、一六三三年）

（明石といえば、古歌で）少しずつ夜が明けたというところであるが、その歌の作者である柿本人麻呂の名にもある赤く熟した柿のもとは、落ちた熟柿で、かすかに赤いよ

○　秋津虫

ほのぐと赤蜻蛉や霧がくれ　風鈴軒（『続山井』秋発句下、一六七〇年）

かすかに赤く、赤とんぼの姿が、秋霧のなかににじむように見えるよ

○**ほのぐ**とあかしや炭のおこり口　芳心（『続境海草《ぞくさかいぐさ》』冬、一六七〇年）

（古歌に、ほのぼのとあかし、とあるように）かすかに赤いことだよ、炭の火がおこりはじめたところは

「ほのぼの」の言葉としての意味は、やはり、前代までと同じく《かすかである様子》であり、三句ともに、前述の『古今和歌集』の歌をふまえて、「ほのぼのと　明石／明かし」という呼応を持っていることが見てとれる。ところが、これらの句は、それだけでなく、〈柿〉や〈赤

とんぼ〉、〈炭のおこり口〉の、現実に〈赤いさま〉も詠みこまれているのである。ということから、「ほのぼの」が〈温かさ〉の意味合いを獲得したのは、このような暖色との結びつきが前面に出て来たことがひとつの要因ではないかと推測される。三句目などは炭のおこり口から、うっすらと〈温かさ〉まで伝わってくるようでもある。

またさらに、

○禁野《きんや》を過ぎて渚の院、賤が門田の八束穂《やつかぼ》に、かまどの煙**ほのぐ**と鎖《とざ》さぬ御代の民百姓、管籥《くはんやく》の声、羽旄《うばう》の美、欣々然と悦びて、君が御狩りを待ち顔に、空飛ぶ鳥も御車に、群がり慕ひ囀りしは、げに賢王の慈しみ、鳥獣にも通じけん。民安全のしるしなり。

（近松門左衛門『せみ丸』一、一六九三年頃）

帝の狩り場を過ぎた渚の院では、身分の低い者の家の門先にある田に稔る太く育った稲穂と、かまどの煙がかすかに漏れ出るので知られるように、戸に鍵をかけずにいる、［延喜帝の］聖代の民百姓は、笛の音が鳴り、飾り旗鉾も美しく、いかにも嬉しそうに喜んで、帝の御狩りを待ち遠しげな顔をしていると、空を飛んでいた鳥も、帝の御車に慕わしげに群がって囀ったのは、まさに賢帝の慈愛が鳥獣にも通じたのだろう。民が安心していられるという証拠である。

○**ほのぼの**と朝飯匂ふ根釣かな　（『類柑子』、一七〇七年）

かすかに朝ご飯のにおいが漂ってくる、海中の岩の割れ目にひそむ魚を狙った釣りであることだ

○雲起るそなた名利の地やあらん　百池
湯気**ほのぼの**と鉄鉢《てつぱつ》の粥　蕪村
寒き夜を狐と語り明しぬる　月渓
（与謝蕪村『句稿』、一七八〇年頃）

雲がわき起こるそちらには、名声や利益のある場所があるだろうか
（と思いつつも、名利を離れて托鉢《たくはつ》を続けて頂いた）湯気がかすかに立っている、托鉢の鉄鉢に入れられたお粥であることだ
（粥から湯気が立つような）寒い夜を狐と語り明かしたのだったなあ

のような例も見つかる。「かまどの煙」「朝飯の匂い」「湯気」は、すべて〈かすかな温かさ〉を感じさせるものである。「ほのぼの」の言葉としての意味は、やはり、《かすかな様子・うっ

すらとした様子》ということになるのであろうが、この時期から、「ほのぼの」は、〈かすかな温かさ〉を感じさせるものとなった。この背景として、「ほのぼのとあかし」が、単に地名の「明石」や夜が「あける」というだけでなく、「赤し」と結びついていったことが考えられた。

こうして、「ほのぼの」は、オノマトペのような感覚で用いられるようになったのである。

以上を図式化すると、次のようになろう。

	中古	中世		近世
言葉としての意味	《かすかな様子・うっすらとした様子》		→	《かすかな温かさを感じるさま》
結びつくもの	〈夜明け・見聞き・ありさま〉		→	〈煙・朝飯・湯気〉

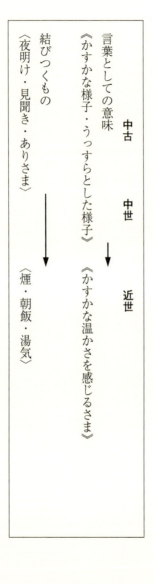

第十三節　むかつく　むかむか――行為から心情へ

「むかつく」の由来

現代では、「むかつく」と言えば、〈ひどく不愉快な気分になる〉という意味であり、若者世代の言葉だと認識しているひとも多いことだろう。「むかつく」のは、通常は、なんらかの非難や圧力をかけられることから生まれる。「行儀よくしろと口うるさく言われたので、むかついた」のように。しかし、ときには特定の理由が見出しがたいときもあり、「なんかむかつく」などという言いかたもされる。誰かの態度や、身のまわりの状況が原因ではあるのだろうが、そこを筋道立てて説明しろと言われるとどうしていいか分からず、とにかく心のなかに不愉快さが渦巻くのである。

この「むかつく」は、「むか」と「つく」に分けることができ、「むか」はオノマトペの基本要素、「つく」は接尾辞と説明される。この「つく」は、多くのオノマトペの基本要素と結びついて動詞を生み出す。JapanKnowledge による『日本国語大辞典』第二版の後方一致検索を利用すると、次のようなものが見つけられる。

いちゃつく　いらつく　うろつく　がくつく　かさつく　がさつく　がたつく
がちゃつく　がっつく　がぶつく　がやつく　ぎくつく　きょとつく　きょろつく
ぎょろつく　きらつく　ぎらつく　ぎろつく　ぐずつく　ぐたつく　ぐちゃつく
ぐにゃつく　くらつく　ぐらつく　こせつく　こそつく　ごそつく　ごたつく
ごちゃつく　ごてつく　ごとつく　ざらつく　ざわつく　じとつく　じめつく
じゃらつく　しょぼつく　ぞくつく　そよつく　だぶつく　ちゃらつく　ちらつく
てかつく　てらつく　どたつく　にやつく　ねとつく　のろつく　ぱくつく
ばさつく　ぱさつく　ばたつく　ばらつく　ぱらつく　ぱりつく　ぴかつく
ひくつく　びくつく　ぴくつく　びらつく　ひりつく　ぴりつく　びろつく　ふらつく
ぶらつく　ふわつく　ぺこつく　べたつく　ぺたつく　べとつく　へろつく　ぼこつく
ぼてつく　まごつく　もたつく　ゆらつく　よたつく　よぼつく　よろつく

また、同検索では、次のようなものも見つけられるが、現代語としてはあまり一般的とは言えない。

うかつく　うざつく　うずつく　うぞつく　うだつく　うとつく　うぽつく　おごつく
おどつく　からつく　がらつく　がりつく　ぎしつく　ぎちつく　きょろりつく
ぐじつく　くしゃつく　ぐしゃつく　ぐじゃつく　ぐどつく　ぐなつく　ぐびつく
けらつく　ごかつく　ことつく　ごにゃつく　しくつく　じくつく　しばつく
じゃきつく　じょぼつく　ずべつく　せかつく　せこつく　ぜらつく　ぜりつく
そぶつく　ぞぶつく　そわつく　だくつく　だばつく　たらつく　だらつく
ちょかつく　ちょびつく　ちろつく　てりつく　どかつく　どきつく　どさつく
どしつく　とぼつく　どやつく　とろつく　にこつく　にたつく　にちゃつく
ぬらつく　のそつく　のらつく　はたつく　ひこつく　びこつく　ぴこつく　びたつく
ひらつく　ぴらつく　びりつく　びれつく　ぶくつく　ふなつく　ぶりつく　べかつく
へこつく　へらつく　べらつく　ぺらつく　べりつく　ほかつく　ぽかつく　ぼとつく
ぼろつく　ぽろつく　ぽんつく　むさつく　むしゃつく　むずつく　むたつく
めきつく　めりつく　もじつく　もちゃつく　ゆさつく　ろれつく　わくつく
わやつく

とはいえ、「ぎしつく」「ちろつく」「ゆさつく」などは、現代でも、言われたら分かるように思えるし、「わやつく」などは方言では用いられていそうでもある。オノマトペの基本要素に「つく」が付いてできた動詞は、日本語の歴史において、これほどまでに豊富に生み出されていたのである（あえてすべてを挙げたのもそれを実感するためである）。また、全体をながめわたすと、「つく」を接尾辞に持つオノマトペの動詞は、あまりよい意味では用いられないことにも気づく。「あたりをうろつく」と言えば、なにか不穏なものを感じるし、冬に「肌がかさつく」というのも不快である。だから、「むかつく」が、不愉快さを表わしていることにも納得がいく。これは「つく」が付いた結果マイナスの意味に転化したというよりも、「つく」の前にくるオノマトペの基本要素が、マイナスの評価のものが多い、ということによるのであろう。

「むかつく」の古い意味

「むかつく」は、現代語では、〈ひどく不愉快な気分になる〉という意味であるが、もとからそういう意味だったのではない。古くは、〈胸が焼けて吐きそうになる〉という意味だった。

○噦　ムカツク　（黒川本『色葉字類抄』中・ム・人躰、一一七七〜八一年頃）

『色葉字類抄』は、中古末の院政期における国語辞書であり、語の並びがいろは順になっているものである（とはいっても、二文字目以降は、現代の五十音順の辞書のように、完全ないろは順となっているわけではない)。この「噦」という漢字は、『学研　漢和大字典』によれば、「①しゃっくり。また、しゃっくりをする。②えずく。物が出ずに吐くけはいだけする。むかついて吐きけを催す」とされる。

このように、「むかつく」の古い意味は〈胸が焼けて吐きそうになる〉という意味であったことは推測されるのであるが、なかなかその実例は見つからない。

○MUKADZKI,-*ku*, -*ita*, ムカヅク、煩嘔、*i*, *u*, To loathe, tc feel nausea, or sick at the stomach.

（『和英語林集成』初版、一八六七年）

この近世末の、ヘボンによる和英辞典の記述を見ると、「むかつく」は、「むかづく」とも言われたことが分かる。意味も loathe は、「いやで胸が悪くなる」、nausea は「吐き気」であるから、やはり、〈胸が焼けて吐きそうになる〉という意味の「むかつく」であることが知られる。

また、近代以降でも、「むかつく」が〈胸が焼けて吐きそうになる〉の意味で用いられているものは指摘できる。

○頭脳がぐら〳〵して天地が廻転するやうだ。胸が苦しい。頭が痛い。脚の腓《ふくらはぎ》の処が押附けられるやうで、不愉快で、不愉快で為方《しかた》が無い。やゝともすると胸が**むかつき**さうになる。不安の念が凄じい力で全身を襲つた。と同時に、恐ろしい動揺がまた始まつて、耳からも頭からも、種々の声が囁《ささや》いて来る。此前にもかうした不安はあつたが、これほどではなかつた。天にも地にも身の置き処がないやうな気がする。

（田山花袋「一兵卒」、一九〇八年）

○今日もまた酒のめるかな！
酒のめば
胸の**むかつく**癖を知りつつ。

（石川啄木「悲しき玩具」、一九一二年）

○それに、この塵芥《ごみ》箱の中そのまゝの留置場は、彼のその絶望的な気持を二乗にも、三乗にも暗くした。室は昼も朝も晩も、それにけじめなく始終薄暗く、何処かジメ〳〵して、雑巾切れのような畳が中央に二枚敷かさつていた。が、それを引き起したら、その下から蛆や虫や腐ってムレたゴミなどがウジヨ〳〵出る感じだった。空気が動かずムンとして便所臭い匂いがしてゐた。吸へば滓《おり》でも残りそうな、胸の**むかつく**、腐つた溝水のやうな空気だつた。

（小林多喜二「一九二八年三月十五日」、一九二八年）

以上のことから、「むかつく」は、古くは〈胸が焼けて吐きそうになる〉の意味であって、近代まで、それは受け継がれていたということになる。しかし、現代では、この意味の「むかつく」はあまり聞くことがないので、近代で廃れてしまったと思われる。

不愉快な気分の「むかつく」

〈ひどく不愉快な気分になる〉という意味の「むかつく」は近世から見つけられる。

○敷銀《しきがね》は**むかつく**時の礫《つぶて》たて　（雑俳『すがたなぞ』、一七〇三年）

持参金は、腹が立ったときに投げつける石として使うためのものだ

「敷銀」は、なにかの契約をする際の証拠金となるもの。現代で部屋を借りるときなどに払う「敷金」と同じものである。その制度が近世からあったことに少し驚くが、ただ、ここでは、そのような契約金と考えると、句の意味が分からなくなる。「敷銀」には、結婚をする際の持参金という意味もあるので、これで句の意味をとると面白い。つまり、結婚の輿入《こしい》れをするときに持ってきた金は、相手に腹が立ったときにはつぶてとして使う、ということではなかろうか。この「つぶて」も、実際に投げつけるということを含んでもいいようし、また、なにか文句

を言うときの引き合いに出す武器というように解することもできる。「つぶてだて」とは、「義理立て」とか「男だて」などのように、あることがらを行使するという意味合いであろうから、相手に腹が立ったときには、「なんなら、持参金ごと出て行こうか?」などと攻撃をするという意味合いになる。

ただ、そう考えるとしても、この「むかつく」は、現代語における「むかつく」とはやはり性質が異なるようにも思われる。つぶてを投げて憂さ晴らしをするのであれば、まだ、明るい。これに対して、現代語の「むかつく」には、なにか陰にこもるようなニュアンスを感じる。そのようなニュアンスの差はありはするものの、〈ひどく不愉快な気分になる〉という意味の「むかつく」は、近代になっても用い続けられる。

○皆田老人は立ち上つて、彦太郎の隣に腰を下し、やあ、小森さん、珍しいな、五月の選挙以来初めてですな、商売忙しいでしよう、と猫撫声を出し、ああ、皆田さん、あんたも達者で何よりで、と彦太郎も応じて、**むかつく**気持を押えかねながら、顔は笑顔になつて、会釈した。

（火野葦平「糞尿譚」、一九三七年）

○或る評論家は、ある老大家の作品に三拝九拝し、さうして曰く、「あの先生にはサーヴィスがないから偉い。太宰などは、ただ読者を面白がらせるばかりで、……」

奴隷根性も極まつてゐると思ふ。つまり、自分を、てんで問題にせず恥しめてくれる作家が有り難いやうなのである。評論家には、このやうな謂はば「半可通」が多いので、胸が**むかつく**。

（太宰治「如是我聞」三、一九四八年）

ただし、近代においては、さきに見たように、〈胸が焼けて吐きそうになる〉の意味の「むかつく」が併存していて、どちらかというと、近代の初期のほうは、そちらの意味のほうが優勢なようである。また、太宰治の「如是我聞」などを見ると、〈ひどく不愉快な気分になる〉の意味の「むかつく」は、〈胸が焼けて吐きそうになる〉の意味と微妙な関係にあるように思われる。つまり、身体感覚としては〈胸が焼けて吐きそうになる〉というものもいっぽうにはあって、精神的な〈ひどく不愉快な気分になる〉もまた共存しているような関係にある。これはちょうど、現代語における「鳥肌が立つ」と似たところがある。つまり、「鳥肌が立つ」は、〈強く感動する〉という精神的な感覚でありながらも、身体感覚としては、実際に鳥肌が立っていることもあり、そのいずれかと決めがたいが、そのような状況と類似しているのである。

「むかむか」の展開

現代では、「むかむか」というと、まず、〈怒りがだんだんこみ上げてくる様子〉を思い出すのではないだろうか。しかし、時代をさかのぼると、それだけではなく抽象的な〈だんだんふくれあがる様子〉を意味するものもあった。

○山東豪傑トモガ皆争テ金玉トモヲ取タソ　而任氏独窖倉粟　今穴倉ト云テ地ヲ掘テ物ヲ入ル様ニソ　楚漢相距栄陽也民不得耕種　田ヲモエツクラヌソ　サルホトニ　米石至万　一石カ十貫シタソ　而豪傑金玉尽帰任氏　サルホドニ任氏ハ**ムカ〳〵**トタノシウナツタソ

（『史記抄』一八・貨殖列伝、一四七七年）

山東の豪傑たちが、皆争って、金や宝玉などを手にいれたぞ。［史記原文］而して任《にん》氏独り粟を窖倉す。　今穴倉といって地面を掘って物をいれる様にしたぞ。［史記原文］楚漢、栄陽に相距《へだ》つるや、民耕種《こうしゅ》を得ず。　田をも作ることができないぞ。　そのうちに［史記原文］米石万に至る。　一石が十貫したぞ。［史記原文］而して豪傑の金玉、尽《ことごと》く任氏に帰《き》す。
　ということで任氏は、だんだんとふくれあがるように金持ちになったぞ。

『史記抄』とは、司馬遷の『史記』を講義した記録である。この部分は、「貨殖列伝」という財をなした人々の伝記である。戦乱のなかで、山東の豪傑たちが、あらそって金や宝玉を手にいれようとしていた時期に、任氏だけは、穴を掘って穀物を蓄えていた。楚と漢が栄陽の地をはさんで対峙したため、土地が荒廃して田を作ることができなくなった。そのため、任氏が蓄えた穀物は飛ぶように売れて、豪傑たちが蓄えた金や宝玉も、結局は任氏のものになった〈穀物を買うために手放したのである〉。ということで、任氏は、ふくれあがるように金持ちになったというのである。なお、「たのしうなった」という言いかたは、〈金持ちになる、豊かになる〉という、この時期特有の意味である。

しかし、さきに見た「むかつく」の意味変化と、「むかと」というオノマトペの用法を勘案すると、この「むかむか」は、むしろ、「むくむく」や「もくもく」のような語と縁の深い語で、オノマトペの基本要素「むか」を直接重ねたものではない可能性もある。オノマトペの基本要素「むか」を用いたものは、いずれもマイナスの評価になるが、この「むかむか」は、むしろプラスの評価だからである。いっぽう、「むかと」には、次のように古い例があって、マイナスの評価である。

○問　アラキ詞ニ　ムカト、イヘル如何　答　ムカハ　ムクコハノ反　モツコハノ反　ムスコハノ反

（『名語記』四、一二七五年）

問　荒い言葉づかいで「むかと」というのはどういうものなのでしょうか。答　むかというのは、ムク・コハ（向怖・向強）の反　モツ・コハ（持怖・持強）の反　ムス・コハ（産怖・産強）の反です。

『名語記』は、これまで何度も出てきた中世の語源辞書であるが、「むかと」という副詞の語源について尋ねたところ、三種類の語源説を示したものである。反とは、前の要素の子音とあとの要素の母音を結びつけるということであり、「むくこは mu ku ko ha」から「むか」ができあがったというのである。「こは」にあてる字にはいくつか候補が考えられようが、「怖《こは》（し）」「強《こは》（し）」あたりが妥当なところであろう。怖かったり、強かったりするほうに向かう、または、そのような要素を保持する、または、そのような要素を生み出すということなのであろう。

さて、「むかむか」に話を戻すと、「むかむか」でも、「むかつく」と対応する、〈胸が焼けて吐きそうな様子〉〈怒りがだんだんこみ上げてくる様子〉とが共存している。

○酒屋の前を通つても、**むか〳〵**してくるやふな大の下戸《げこ》あり。つら〳〵思ふに、おらほどの下戸も又と有まいとおもふていたるに、上方から此頃、隣町《となりてう》へ越して来た大下戸《だいげこ》があるときひて、それはどれほどの下戸だやら、行てくらべて来《こ》ふと、彼《かの》上方下戸の所へ尋ねて行、私は江戸の下戸でござるが、おまへの御噂承り及ンで参つたといへば、コレはよふこそ御出。おまへのことも聞ておりました。そふしておまへの下戸は、どの位てござる。「サレば、まあ聞て下され。先日も樽ぬきの柿を給て、ぼうだらに成り、私は覚へませぬが、すつぱぬきなどいたしたげにござります。さめてから承り、面目を失ひました。マア此くらゐの義でござりますと咄す内より、てい主の顔が真赤に。

（『聞上手　二篇』大下戸、一七七四年）

酒屋の前を通るだけで、胸が焼けて吐きそうになるほどのひどい下戸がいた。よくよく思うに、おれほどの下戸は他にはいないだろうと思っていたところ、上方から最近、隣町に引っ越してきたひどい下戸がいると聞いて、それはどれほどの下戸なのか、行って比べてこようと思って、その下戸のところへ尋ねて行き、「私は江戸の下戸でございますが、あなたのお噂を伺って参りました」と言うと、「これは、よくぞいらっしゃった。あなたのことも聞いておりました。それで、あなたの下戸の程度は、どれぐらいですか」「では、まあ、聞いて下さい。先日も、酒に浸けて渋を抜いた柿をいただいて、酔っ払ってしまい、これは記憶にないのですが、刃物を抜いて暴れたようでございます。醒めてからそのことを教えていただき、面目を失いました。まあ、これほどのものでございます」と話すぐそばから、上方から来た亭主の顔が、酔って真っ赤になった。

これは、酒の香りだけで、胸が悪くなって吐きそうになるほどのひどい下戸がいて、似たような下戸が近くに越してきたと聞いて、そこを尋ね、どれほどの下戸かと問われるままに、樽で酒に浸けた渋柿を食べただけで、刃物三昧にまで及んでしまったと打ち明けたところ、越してきたほうの下戸は、その話を聞いただけで、酔っ払ってしまった、という話である。この「むかむか」は、〈胸が焼けて吐きそうな様子〉のほうの意味である。

○いんきよ「どうりこそ、きびしよに何か一ツぱいあるとおもふたが、わしや又此童《わろ》めが、水入れておきおつたと思ふて、川へほつたが、どふでもせうようのおどもりが、のこつてあつたものじやあろぞい　北八「とんだこつた。むねが**むか〱**する

（『東海道中膝栗毛』六・上、一八〇七年）

隠居「道理で、土瓶になにかいっぱい入っていると思ったが、私は、またこやつが、水を入れておきおったと思って、川へ捨てたのだが、どうしても、小便の残りが、まだ残ってあったものだろうのう」北八「とんだことだ。胸が焼けて吐きそうだ」

これも、「むかむか」の意味は、〈胸が焼けて吐きそうな様子〉である。いっぽう、〈怒りがだんだんこみ上げてくる様子〉も近世の早い時期から見られる。

○海野、聞きもあへず、エ、うぬめらは痴れ者かな。入りもせぬ長口上をまぎらかして通ら

んとや。察する所をのれらは、義経の家来、熊野の住人、鈴木、亀井が一族よな。此弁真めと心を合、鎌倉殿へあたをなす御敵の張本《ちやうぼん》、ソレ逃すなとひしめく所へ、五郎時宗、編笠とつてつつと出、是は近比権柄なる仰せかな。あの者共は某が召しかゝへの下人ゆへ、最前より腸《はらわた》がもえ、胸の虫が**むか〳〵**とこらへかねて候へども、無事にすまば済まさんと歯をくひしばつてひかへし所に、理非もろくに聞とゞけず、なんじや、からめとらふしていか様のとがゝある。さあ承らん。

（近松門左衛門『団扇曾我』二、一七〇〇年頃）

海野［小太郎］は、ろくに聞きもしないで「ええ、お前たちは血迷ったやつらだな。必要でもない長い口上を言ってごまかして、通り抜けようとするのではないか。思うに、お前たちは源義経の家来、熊野の住人鈴木、亀井の一族であるな。この弁真と気持を一緒にして、鎌倉殿［頼朝］に仇をなす、敵の張本人だ、それ逃がすな」とひしめき合うところへ、［曾我］五郎時宗［時致］、編笠を頭からとって、すっと前に出て、「これはひどく乱暴なおっしゃりようでありますな。あのものたちは、私が召し抱えている下人なので、さっきから、腸が煮えくりかえって、胸の虫の怒りがこみ上げて我慢できなかったのですが、無事に済むならそうしようと歯を食いしばって我慢していたところに、正しいことと間違ったこともろくに聞き届けないで、なにやら捕縛しようとしているが、どんな罪があるのだ。さあ、伺いましょうか」

これは、海野小太郎のあまりに非道な言いがかりに対して、曾我五郎が感じた怒りを「むかむか」と表わしたものである。ただ、このような例を見てみると、現代語訳をすれば、〈怒りがだんだんこみ上げてくる様子〉とすることができるのであるが、ここも、さきに、「むかつく」の例で見たように、〈胸が焼けて吐きそうな様子〉と〈怒りがだんだんこみ上げてくる様子〉が共存している例と言えるのではないだろうか。つまり、あまりの気分の悪さに、胸が焼けるという身体的な変化が生じ、かつ、怒りも次第にこみ上げてくるというものである。

そうすると、一見別々の出来事のように思える、〈胸が焼けて吐きそうな様子〉と〈怒りがだんだんこみ上げてくる様子〉は、もっと抽象的な《胸のあたりがなにかどんどんふくれあがるような感覚で不快な様子》のようにまとめることもできるのではないかと思われる。〈怒り〉の気持が強く要因として働くか否かが、二つの意味を分けているのである。

近代に入っても、「むかむか」は〈胸が焼けて吐きそうな様子〉と〈怒りがだんだんこみ上げてくる様子〉とが併存している。

○私は静かに眺めてゐた。みな血色がわるくて蒼いむくんだやうな顔をしてゐた。「私と同じい親のない少年だ。私もああして働かなければならなかつたのだ。私にああいふことが出来るだらうか。」と考へた。あの冷たさうな監督の顔が私には不快であつた。そして、この院内から匂うてくる一種の嘔き気を催す臭気はたまらないほど、私の胸を**むかむか**させた。

（室生犀星「幼年時代」七、一九一九年）

○あさ、眼をさますときの気持ちは、面白い。かくれんぼのとき、押入れの真暗い中に、じっと、しやがんで隠れてゐて、突然、でこちやんに、がらつと襖《ふすま》をあけられ、日の光がどつと来て、でこちやんに、「見つけた！」と大声で言はれて、まぶしさ、それから、へんな間の悪さ、それから、胸がどきどきして、着物のまへを合せたりして、ちよつと、てれくさく、押入れから出て来て、急に**むかむか**腹立たしく、あの感じ、いや、ちがう、あの感じでもない、なんだか、もつとやりきれない。

（太宰治「女生徒」、一九三九年）

「幼年時代」の例は、〈胸が焼けて吐きそうな様子〉の意味、「女生徒」の例は、〈怒りがだんだんこみ上げてくる様子〉の意味である。

以上をまとめると、次のようになる。

中古　中世　近世　近代

「むかつく」
〈胸が焼けて吐きそうになる〉→
〈ひどく不快な気分になる〉→

「むかむか」
〈だんだんふくれあがる様子〉
〈胸が焼けて吐きそうな様子〉→
〈怒りがだんだんこみ上げてくる様子〉→

第十四節　めろめろ――対象の限定化

現代とは違う「めろめろ」

「めろめろ」というと、現代では、〈なにかある対象を溺愛して甘すぎる態度をとる様子〉や〈すっかりうろたえて収拾がつかなくなってしまう様子〉を意味し、「おじいちゃんは、もう孫にめろめろで……」「会議の途中でひとつすごく痛い質問をされて、あとはめろめろだった」のように用いられる。なにか、ぐずぐずにとろけるようなイメージがある。

しかし、当初「めろめろ」はそのような意味ではなかったようである。「めろめろ」の例は、中世から見られる。

○問　ヌリ物ナトノ　**メロ〱**トハクル　メロ如何　答　ムケラヨノ反レハ　メロトナル也
（『名語記』六・メロ、一二七五年）

問　塗り物などが他愛なくはがれ落ちるときの「めろ」とはなんでしょうか。答「ムケ・ラヨ（剝けらよ）」が反ると「めろ」となるのである。

これまで何度も出てきた、中世の語源辞書『名語記』であるが、同辞書によれば、「めろめろ」は、塗り物（漆器）などの表塗りが剝離することを言っていたということが分かり、さらにその「めろ」は、「むけ・らよ muke rayo」の反（muke rayo→mero）であるとされていることも分かる。「むけらよ」とは、「剝けらよ」だと思われ、「剝ける」という言葉との関連が意識されていたことが推測される。漆器の表塗りが落剝する様子を思い浮かべると、表面にひび割れが入って、その部分から、少しずつぽろぽろと欠けていくといったものとなる。そこから考えると、「めろめろ」は、この例に即して言えば〈塗り物が、抵抗感なくたやすくはがれ落ちる様子〉となるが、もう少し抽象化して《ものごとが抵抗感なく簡単にすすむ様子》とすることも可能なように思われる。

次に、近世の「めろめろ」の例を見てみる。

○此の長の夜を誰《たれ》と寝よ、おりゃ泣くまいと思へども、涙がどうも堪忍せぬ、こらへてたもとはら〳〵と、玉をつらぬく御目もと、腰本、茶の間、中居までお道理様やと諸共に、もらひ涙にくれければ、お局は気の毒がり、ア、なんぞいの、お力は付けもせで、そなた衆までめろ〳〵といま〳〵しい、置いてたも。

（近松門左衛門『嫗山姥《こもちやまうば》』二、一七一二年頃）

［沢瀉姫が］「この長い夜を、誰と寝ようか［と思うと、寂しくて］、私は泣くまいと思っても、涙がどうしても我慢できない、許してもらいたい」、と、涙がはらはらと珠をつらぬくように流れる御目許［を見ると］、腰元、茶の間の召使い、奥の間の中居につめる召使いまでもが、無理もないことだと一緒に、もらい泣きの涙にくれたので、お局［の藤浪］は、困ってしまい、「ああ、なんということか、［姫に］お力をつけもしないで、あなたたちまで、涙を流し放題にして、いまいましい、やめてもらいたい」、と言う。

○妐《こしもと》おかる道にてはぐれ、ヤア勘平殿。様子は残らず聞ました。こりゃ何《ン》とせう、どふせうと取付歎《キ》くを、取て突退《つきのけ》、ヱ、めろ〳〵と吠頬《ほえづら》、コリャ勘平が武士は捨《すた》ったは、やい。もふ是迄《これまで》と刀の柄《つか》コレ待《ツ》て下され。こりゃうろたへてか勘平殿。

（竹田出雲他『仮名手本忠臣蔵』三、一七四八年）

腰元のおかるは、道で［勘平に］はぐれて［いたが、ここで再会し］、「やあ勘平殿、事情は全部聞きました。これは、なんとしましょう、どうしましょう」と、［勘平に］すがりついて泣くのを引き離して押しのけ、「ええい、だらしなく泣いて、吠え面［をかくな］。これでは、勘平という武士の面目は丸つぶれだわい。今はこれまでだ」と［切腹するために］、刀の柄［に手を掛けると、おかるが］、「これ、待ってください。これは、うろたえたのですか、勘平殿」。

○六日、今井村を過《す》ぐる。此里に普賢寺とて、堂額おごそかに建て、うしろハ千山重りて厳冬氷雪のあらしを防ぎ、前は万木茂りて九夏三伏のあつさを凌《しの》ぐ。かく万世不易の仏地なるに、去六月五日となん、僅の隈《くま》より火起りて、世に知られたる伽藍も**めろめろ**と燃へて、皆一時のけぶりとはなれりけり。

（小林一茶『文化句帖補遺』、一八〇七年）

［文化四年八月］六日、［信州下水内《しもみのち》郡の］今井村を通る。この里には、普賢寺といって、建物とその付随するものを堂々たるさまに建てて、後方は、多くの山々が重なって、厳しい冬の氷や雪の嵐を防ぎ、前方は、おびただしい樹木が茂って、夏の最も暑い時期をしのぐ。このような永遠不滅の仏教の聖地であるのに、さる六月五日ということだが、ちょっとしたすみから火事がおこって、有名な伽藍もなめつくされるように燃えてしまって、すべてが、ひとときの煙となってしまったのだった。

『嫗山姥』と『仮名手本忠臣蔵』の「めろめろ」の例は、いずれも、〈とめどもなく涙が流れる様子〉といった意味で用いられている。「めそめそ」に比べて、涙の量は多く、いわゆる「流涕滂沱《りゅうていぼうだ》」といった言葉も思い出される。

また、一茶の紀行文の例は、〈火がなめつくすように燃え広がる〉といった意味である。これは、「めらめら」との関連も考えられる。あるいは、一茶の方言であった可能性もあろう。

それでは、この〈涙〉の例と〈火〉の例との間には、なにか関連性があるのだろうか。そこで気がつくのは、どちらも、なにか、〈歯止めがきかない（とどまるところを知らない）〉という意味合いと、〈なめらかな流動感〉とでも言うべき性質を持っていそうだということである。「めろめろと泣く」とは、〈歯止めがきかずに、多くの涙が次から次へと流れ落ちる様子〉を言うし、「めろめろと燃える」とは〈歯止めがきかずに、火が次から次へと燃え広がっていく様子〉を言う。

また、そのように考えると、中世の例で見た「めろめろと塗りが剝げる」という例も、同じような線で考えることができ、〈歯止めがきかずに、塗った漆が次から次へと剝落していく様子〉と説明することができる。

近代の「めろめろ」

近代でも、近世と同様の「めろめろ」の例を見出すことができる。

○番「定吉イ、チョッと茲《こゝ》へ来い、エ、イ**メロ〳〵**泣くな
定「何です番頭《ばんつ》さん、泣くなたってお嬢様が死んで哀しくって堪《たま》らないから泣くんです
番「エ、イ、汝《おのれ》がお嬢様を殺したも同《おん》なじ事《こつ》た
定「ア、いふ無理な事ばかり云ふんだもの、何《どう》いう理由《わけ》で

（三遊亭圓朝「闇夜の梅」、一八九八年）

○与吉はいつも彼等の伴侶《なかま》と共に路傍の枯芝に火を点じて、それが黒い趾を残して**めろ〳〵**と燃え拡がるのを見るのが愉快でならなかつた。彼は又火が野茨の株に燃え移つて、其処に茂つた茅萱《ちかや》を焼いて焔が一条の柱を立てると、喜悦《よろこび》と驚愕《おどろき》との錯雑した声を放つて痛快に叫びながら、遂《つひ》には其処に恐怖《おそれ》が加はれば棒で叩いたり土塊を擲《はふ》つたり、又は自分等の衣物をとってぱさり〳〵と叩いたりして其火を消すことに力《つと》めるのであつた。

（長塚節『土』二十五、一九一〇年）

○舞ひ上つたほこりは、赤黄ろく畑の上にひろがつて、しばらくは、ぢつと動かない。それがいつか桑の葉に、岡穂の葉に、玉蜀黍の葉に、その青さを消すほどに白く積つて、そこらが稍々透明になると、そこへ**メロメロ**と陽炎が立ち、白い道はまたヂリ〳〵と焦げはじ

める。

（下村千秋「旱天実景」、一九二六年）

「闇夜の梅」は〈涙〉の例、『土』は〈火〉の例である。また、「旱天実景」の〈陽炎〉の例であるが、前述した〈歯止めがきかない（とどまるところを知らない）〉と〈なめらかな流動感〉という特性は共通する。

ところで、一茶の紀行文を引いたときに、「めろめろ燃える」は一茶の方言（信州）なのだろうかと述べたが、『土』〈火〉も「旱天実景」〈陽炎〉も方言（茨城）が描写されているものである。あるいは、このたぐいのものは、方言なのかもしれない。

さて、以上の「めろめろ」と、現代の「めろめろ」とはどういう関係にあるのだろうか。

まず、〈涙〉の「めろめろ」は、「おじいちゃん、もう孫にめろめろで……」と関係しそうでもある。孫を可愛がる様子が、涙を流さんばかりだということなのかもしれない。しかし、そうまで言わずとも、これは、〈歯止めがきかない（とどまるところを知らない）〉と〈なめらかな流動感〉という線で説明可能ではないか。孫に大甘なおじいちゃんの、歯止めがきかないほどの可愛がりようと、溶けてしまいそうなほどの溺愛ぶりは、まさに「めろめろ」の世界と言えよう。

また、「会議の途中でひとつすごく痛い質問をされて、あとはめろめろだった」の場合も、動揺に〈歯止めがきかない様子〉で、気持が折れて崩れて溶けてしまいそうな〈なめらかな流動感〉を抱くと説明すればつながる。

〈塗り物〉〈涙〉〈火〉〈陽炎〉〈可愛がりよう〉〈動揺〉と、対象は違っていても、基本精神は同じ《歯止めがきかず（際限がなく）、なめらかな流動性を持つ様子》なのである。

以上をまとめると、次のようになる。


「めろめろ」《歯止めがきかず（際限がなく）、なめらかな流動性を持つ様子》

中世	近世	近代
〈塗り物〉		
	〈涙〉→	
	〈火〉→	〈陽炎〉

第十五節　よよ——とめどなく流れるもの

『大和物語』の「よよ」

「よよ」と言えば「泣く」、そして、それは女性が、いかにも弱々しげに声をひそめて泣く様子を表わす、というのは、現代の普通の感覚であろう。といっても、若い世代には、ぴんとこないかもしれない。「よよ」は、いまや、すこし古い言いかたになっている。おなじ女性が泣くのでも、「さめざめ」だと、感情の深いところに悲しみがあって、それを言わば受け容れ、諦観《ていかん》して泣くのであるが、「よよ」は、まだ感情の昂ぶりが残っているような感じもする。

「よよ」は、中古から見えるオノマトペであるが、『大和物語』（九五一年頃）に最も古い例を見ることができるので、すべての例（四例）を見てみよう。

○これ四人つどひてよろづの物語し、世の中のはかなきこと世間のことあはれなるいひいひて、かのおとどのよみたまひける。

　いひつつも世ははかなきをかたみにはあはれといかで君に見えまし

とよみたまひければ、たれもたれも返しはせで、集りて**よよ**となむなきける。あやしかりけるものどもにこそはありけれ。　（四十一段）

これら四人［源清蔭のおとど、としこ、あやつこ、よぶこ］が集まって、さまざまな世間話をして、世の中の無常で儚《はかな》いこと、世間のことでしみじみとしたことを語り続けて、かのおとどのお詠みになった歌。

　こんなふうに語り合いながらも世の中は儚くいつどうなるかも分からないので、お互いに、しみじみと心引かれるひとだと、どうにかして相手に思ってもらいたいものです

とお詠みになったので、誰として返歌はせずに、身を寄せ合って、涙をとめどなく流しながら泣いた。不思議なほど、この世のことをよく分かっていたものたちなのであった。

○近江の介平の中興《なかき》がむすめをいたうかしづきけるを、親なくなりてのち、とかくはふれて、人の国にはかなき所にすみけるを、あはれがりて、兼盛よみておこせたりける、

　をちこちの人目まれなる山里に家居せむとはおもひきや君

とよみてなむおこせたりければ、見て返りごともせで、**よよ**とぞ泣きける。女もいみじう

らうある人なりけり。（五十七段）

近江の介である平中興の娘を、［中興が］深く世話をしていたのだが、親［の中興］が亡くなったあと、［娘は］なんやかやと落ちぶれてしまって、よその国のみすぼらしい場所に住んでいたのを、なんということだと思って、兼盛が歌を詠んで送った。

あちらこちらの人目もまれな寂しい山里に住まいをするなんて、あの大事にされていた時には、思っただろうか、よもや思いはしなかったよね、あなた。

と詠んで送ったところ、その歌を見て、返歌もせずに、涙をとめどなく流しながら泣いたのだった。女も、とても人の気持が分かるひとなのであった。

◯これもおなじみこに、おなじ男、

長き夜をあかしの浦に焼く塩のけぶりは空に立ちやのぼらぬ

かくてしのびつつあひたまひけるほどに、院に八月十五夜せられけるに、「まゐりたまへ」とありければ、まゐりたまふに、院にてはあふまじければ、「せめて今宵はなまゐりたまひそ」ととどめけり。されど召しなりければ、えとどまらで、急ぎまゐりたまひければ、嘉種、

竹取が**よよ**になきつつとどめけむ君は君にと今宵しもゆく（七十七段）

これも［前段と］同じ［桂の］皇女に、同じ男［源嘉種］が、

長い夜を、身を焼きつつも泣きあかしましたが、その身を焼く煙は、明石の浦の塩を焼く煙のように、空に立ちのぼらないことがありましょうか。いえ、空に立ちのぼって、あなたの目にも見えるはずです、私の深く思う気持が。

こうして、人目を忍んで何度も会っているうちに、［亭子の］院で、八月十五夜の月の宴をなさって、［皇女に対して院より］「参上なさい」との命が下ったので、［皇女は院に］参上なさったが、［亭子の］院だと会うことが叶わないので、［嘉種は］「せめて今夜だけは参上なさいますな」と引きとめた。しかし、［院の］お召しなので、［皇女は］とどまることができず、急いで参上なさったので、嘉種が詠んだ歌。

竹取の翁が、竹の節を刻むように、［八月十五夜の近付く］夜ごとに涙をとめどなく流しながら泣いて、かぐや姫を引きとめたというがその気持がよく分かる。あなたは、院のもとに、よりにもよって［かぐや姫が昇天した八月十五夜の］今夜行くのですね［かぐや姫のように帰ってこられなくなったらどうするのかと、気をもむばかりなのです］。

○この男に、「かくおほせごとありて召すなり。なにの、うちひかせたまふべきにもあらず。物をこそたまはせむとすれ。をさなき者なり」といふ時に、硯を乞ひて文を書く。それに、

君なくてあしかりけりとおもふにもいとど難波の浦ぞすみ憂き

と書きて封《ふん》じて、「これを御車に奉れ」といひければ、あやしと思ひてもて来て奉る。あけて見るに、悲しきこともものに似ず、**よよ**とぞ泣きける。さて返しはいかがしたりけむ知らず。

（百四十八段）

この［女主人の、もと夫だった］男に、「こんなふうにおっしゃることがあって、［お前を］召すのである。なにも、打ったり引っぱったりなさろうというのではない。物をくれてやろうとしているだけなのだ。［それなのに、子供のように］分別のないものだ」と、［従者］が言う時に、［男は］硯を貸してくれるよう頼んで手紙を書く。それには、

あなたがいなくて、本当によくなかったことだ、それで、葦を刈って生きのびている
と思うと、ひどく難波の浦は住むのがつらいことだ

と手紙に書いて封をして、「これを御車にさし上げよ」と言ったので、妙なことだと思って持ってきて、女主人にさし上げる。開けて読むと、悲しいことはたとえようもなく、涙をとめどなく流しながら泣いたのだった。それで、返歌をどうしたのかは、誰も知らない。

以上を見てみると、実は、竹取の翁が泣いている七十七段を除いて、泣いているのは女性だけだということが分かる。四十一段は、登場人物が四人いて、源清蔭という男性も含まれているのだけれども、清蔭の詠んだ歌に、三人の女性が返歌をせずに、身を寄せ合って号泣したと

いうのであるから、やはり、女性が泣いているということになる。

七十七段では、「よよ」に、「夜夜」と竹の「節節《よよ》」も掛けられていて、そのために男性の泣くさまに「よよ」をあえて用いたのではないかとの疑いも残る。すると、やはり、「よよ」は昔から、女性の泣く様子を表わしていた、ということになるのか。さらに別の作品ではどうか見てみる。

『蜻蛉日記』『源氏物語』の「よよ」

『蜻蛉日記』（九七四年頃）は、藤原道綱母の日記で、『大和物語』にわずかにおくれる時期の作品である。同書には、二例の「よよ」がある。

○つくづくと思ひつづくることは、なほいかで心として死にもしにしがなと思ふよりほかのこともなきを、ただこのひとりある人を思ふにぞ、いと悲しき。人となして、うしろやすからん妻などにあづけてこそ、死にも心やすからむとは思ひしか、いかなるここちして、さすらへむずらん、と思ふに、なほいと死にがたし。「いかがはせん。かたちを変へて、世を思ひ離るやとこころみん」と語らへば、まだ深くもあらぬなれど、いみじうさくりも**よよ**と泣きて、「さなりたまはば、まろも法師になりてこそあらめ。なにせむにかは、世にもまじらはん」とて、いみじく**よよ**と泣けば、我もえせきあへねど、

しみじみ思い続けることは、やはり、なんとかして思い通りに死にたいものだと思う以外のことはないのだけれども、ただこのひとりいるひと［我が子道綱］のことを思うと、ひどく悲しい。一人前にして、ちゃんとした後見のある妻に我が子の身を託せば、死んでも気持は穏やかだろうとは思うものの、［自分が死ねば我が子は］どんな思いで過ごしてゆくのだろうと思うと、やはり、死ぬのは難しい。「もう他に手立てもない。出家をして、俗世を思うことがなくなるか、試してみよう」と、［我が子に］語りかけると、まだ深い道理もわきまえないのだろうに、ひどくしゃくりあげて、涙をとめどなく流して泣いて、「そうなったら、私も法師になってしまいましょう。なんの生きがいあって、俗世とつきあっていきましょうか」と言って、ひどく、涙をとめどなく流して泣くので、私も我慢できないのだが、

ちょうど同じ場面に出てくる「よよ」の二例であるが、どちらも、泣いているのは藤原道綱である。まだ子供ではあるが、男子であり、母が出家したいと言うのに対して、そんなことになったら、自分も出家すると言って泣くのである。

また、『源氏物語』（一〇〇八年頃）は、それよりさらに下った時期の作品であるが、これには、五例のオノマトペの「よよ」が見出せる。

○そのことどももせさせん、願なども立てさせむとて、阿闍梨ものせよと言ひやりつるは」とのたまふに、［惟光］「昨日、山へまかり登りにけり。まづいとめづらかなることにもはべるかな。かねて例ならず、御心地ものせさせたまふことやはべりつらん」、［源氏］「さることもなかりつ」とて、泣きたまふさま、いとをかしげにらうたく、見たてまつる人も、いと悲しくて、おのれも**よよ**と泣きぬ。　（夕顔）

［源氏］「読経などもさせて、願なども立てさせようと、阿闍梨《あじゃり》に来るよう言ってやったのだが［どうなった］」とおっしゃるので、［惟光］「昨日、比叡の山［延暦寺］へ登ってしまいました。しかし、実に稀有《けう》な出来事ですね。前々から、［夕顔の］ご気分が普通ではないというようでいらしたのでしょうか」［と申すと、源氏］「そんなこともなかった」と言ってお泣きになる様子は、とても優美で痛々しく、それを目にしているほう［惟光］も、とても悲しくて、涙をとめどなく流して泣いた。

この場面は、目の前で夕顔が息絶え、そのなきがらをかき抱きつつ、そんな様子もなかったのにと泣く光源氏を見て、惟光がもらい泣きをするところである。

○月のいとはなやかにさし出でたるに、今宵は十五夜なりけりと［源氏は］思し出でて、殿上の御遊び恋しく、所どころながめたまふらむかしと思ひやりたまふにつけても、月の顔のみまもられたまふ。「二千里外故人心」と誦じたまへる、例の、涙もとどめられず。入道の宮の、「霧やへだつる」とのたまはせしほど、［源氏は］言はむ方なく恋しく、をりをりのこと思ひ出でたまふに、**よよ**と泣かれ給ふ。「夜更けはべりぬ」と聞ゆれど、なほ入りたまはず。（須磨）

月がとても美しく輝いてのぼってきたのを見て、［源氏は］そうか今夜は十五夜だったなと思い出されて、［都の］宮中の管絃の催しが恋しく、［都の］どこここでも月を眺めていらっしゃるだろうと思いを馳せられるにつけても、月のおもてだけをただ見まもられている。［源氏が白居易の「八月十五夜禁中独直対月憶元九詩」の一節を］「二千里外故人心（はるか遠く離れても、心が通じ合ったひとの心を想う）」と朗誦なさると、いつものように、［周囲のものたちは］涙もとどめることができない。入道の宮が「霧やへだつる」と詠まれた折が、たとえようもなく恋しく、その折、この折のことを思い出されて、思わず涙をとめどなく流してお泣きになってしまう。［供人が］「夜が更けました」と申し上げるけれども、やはり寝所にお入りにはならない。

光源氏の、須磨流謫《るたく》の一場面である。八月十五夜の中秋の名月を眺めながら、光源氏の脳裏には、都の思い出、都に残したひとびとのことが去来する。入道の宮の「霧やへだつる」の歌とは、賢木の巻で藤壺が詠んだ「九重に霧やへだつる雲の上の月をはるかに思ひやるかな（幾重にも霧が隔てるのでしょうか、月が見えなくっておりますが、その見えない雲の上の月をはるかに想像することです）」というもので、宮中になにか悪意のあるひとがいて、自分は帝に会うことができなくなっているという含意がある。まさに、今の自分の境遇と重ね合わせられ、また、その歌を詠んだ藤壺も恋しく思い出されて、光源氏は泣くのである。

○灯《ひ》は、こなたの南の間にともして、内は暗きに、［薫は］几帳を引き上げて、すこしすべり入りて［大君を］見たてまつりたまへば、老人《おいびと》ども、二三人ぞさぶらふ。中の宮は、ふと隠れたまひぬれば、いと人少なに、［大君は］心細くて臥したまへるを、［薫］「などか、御声をだに聞かせたまはぬ」とて、御手をとらへておどろかしきこえたまへば、［大君］「心地にはおぼえながら、もの言ふがいと苦しくてなん。日ごろ、訪れたまはざりつれば、おぼつかなくて過ぎはべるべきにやと、口惜しくこそはべりつれ」と、息の下にのたまふ。［薫］「かく、待たれたてまつるほどまで、参り来ざりけること」とて、さくりも**よよ**と泣きたまふ。（総角《あげまき》）

灯は、こちらの南の間にともしてあって、部屋のなかは暗いところに、〔薫は〕几帳の端を引き上げて、少しすべり入って〔大君を〕拝見なさると、年のいったお付きのものたちが、二、三人控えている。中の君は、さっと姿を隠してしまわれたので、とても人が少なそうな様子で、〔大君は〕心細げに身を横たえているのを、〔薫は〕「どうして、お声だけでもお聞かせ下さらないのですか」と、〔大君の〕御手を取ってお声がけ申し上げると、「気持ではそう思うのですが、ものを口にするのがとてもつらいので。このごろ、いらして下さらなかったので、このままどういうこともなく終わってしまうのだろうかと、残念でございました」と息も絶え絶えにおっしゃる。〔薫は〕「これほどお待たせしてしまうまで、参上いたさなかったとは」としゃくり上げつつ、涙をとめどなく流してお泣きになる。

ここで泣いているのは、薫、すなわち男性である。

○〔浮舟は〕宮の描《か》きたまへりし絵を、時々見て、泣かれけり。ながらへてあるまじきことぞと、とざまかうざまに思ひなせど、ほかに絶えこもりてやみなんはいとあはれにおぼゆべし。〔浮舟〕かきくらし晴れせぬ峰の雨雲に浮きて世をふる身をもなさばやまじりなば」と聞えたるを、宮は**よよ**と泣かれたまふ。

（浮舟）

［浮舟は］匂宮の描かれた絵を、時々見ては、涙がこみ上げてくるのだった。このまま続けてはいられないことだと、あんなふうにもこんなふうにも思いをめぐらすけれども、ほかのひと［薫］のところに引き取られ閉じこもって、［匂宮との縁が］終わってしまうのは、ひどくつらく思われるに違いない。

空を暗くして晴れることのない峰に懸かる雨雲に、心も晴れずに世を過ごしていることの身を変えたいことです

雨雲に入り交じってしまえば［もうお目に掛かれませんが］と申し上げると、匂宮は、涙をとめどなく流してお泣きになる。

この例も、泣いているのは匂宮、男性である。というわけで、ここまで見てきた『源氏物語』の例で、よよと泣いているのは、すべて男性なのである。ところで、『源氏物語』には、「よよ」が五例あると前述した。あとの一例はどうなのか、男性なのか、女性なのか。ところが、もう一例の「よよ」は、謎の例なのである。

謎の「よよ」

『源氏物語』におけるもう一例の「よよ」を見てみよう。

○［若君の薫は］御歯の生ひ出づるに食ひ当てむとて、筍《たかうな》を、つと握り持ちて、雫も**よよ**と、食ひ濡らしたまへば、［源氏］「いと、ねぢけたる色ごのみかな」とて、
うきふしも忘れずながらくれ竹のこは棄てがたきものにぞありける
と、［若君を］率《ゐ》て放ちてのたまひかくれど、うち笑ひて、なにとも思ひたらず、いとそそかしう這ひ下り騒ぎたまふ。月日にそへて、この君のうつくしう、ゆゆしきまで、生《お》ひまさりたまふに、まことに、このうきふし、みな思し忘れぬべし。（横笛）

［若君の薫は］御歯が生え出ているところに食い当てようと、筍をしっかりと握り持って、よだれの雫もたらたらと濡らしながらお食べになるので、［源氏は］「ずいぶん、変わり者の色好みだ」と言って、
あのいやな折も忘れはせぬものの、たけのこを無心にかじる子を見ていると、こどもというのはやはり棄てがたいものだと思う
と、［薫を］引き寄せて［筍からは］ひき離して話しかけられるが、若君は笑って、なんの邪念もなく、とても活発に［光源氏の膝から］這い下りて、お騒ぎ立てになる。月日が経つにつれて、この［薫の］若君がかわいらしく、おそろしいほど美しく成長されていくので、［源氏は］これまでの嫌なことも、みなお忘れになってしまいそうである。

このように、もうひとつの「よよ」の例は、幼い薫が、筍に歯を立てようとすると、まだ歯の生えそろっていないところから、よだれが垂れ落ちる、その形容に使われているのである。この点について、たとえば、新編日本古典文学全集の頭注では、「「よよ」は液体が流れ落ちるさま。ここではよだれである」と明確に記している。「よだれ」という語自体、「よ・垂れ」が語源であるとする説があり、そうすると「よ」そのものが、なんらかの液体を意味する語ということになる。

さて、この「よよ」と、これまで見てきた「よよと泣く」の「よよ」はどのように関連するのだろうか。実は、さきほどの「須磨」の「よよ」について新編日本古典文学全集の頭注には、「「よよ」は水滴のとめどなく流れ落ちる形容」とあり、両者は関連性があることが示唆される。とすれば、「よよ」は、擬態語であるということになる。それはすなわち、「よよ」は、泣き声を模した擬音語ではないということになるのである。

ところが、そのように考えると、別の問題が生じてくる。「よよと泣く」とは、現在、声をあげて泣く、すなわち号泣するという意味であるという理解が一般的で、たとえば、『日本国語大辞典』第二版でも、「しゃくり上げて泣くさま、声をあげて激しく泣くさまを表わす語。おいおい」とある。

しかし、「よよ」が、〈涙〉や〈よだれ〉を含めて、大きな括《くく》りとして《液体がとめどなく流れ落ちる様子》であるならば、「よよ」だけでは声をあげるということの根拠にはならず、「よよと泣く」は、ただ涙がひたすら流れ落ちることが条件になる（これまでの現代語訳も、そのようにしてある）。

というわけで、「横笛」の巻に見られる「よよ」は、謎を投げかける例だったのである。

なお、この《液体がとめどなく流れ落ちる様子》を表わすような「よよ」の例として、後世、次のような例も見られる。

○下部《しもべ》に酒飲ますする事は、心すべきことなり。宇治に住み侍りけるをのこ、京に、具覚房とて、なまめきたる遁世の僧を、こじうとなりければ、常に申しむつびけり。或時《あるとき》、迎へに馬を遣したりければ、「遥かなるほどなり。口づきのをのこに、先づ一度せさせよ」とて、酒を出だしたれば、さし受けさし受け、**よよ**と飲みぬ。太刀うちはきてかひがひしげなれば、たのもしく覚えて、召し具して行くほどに、

（『徒然草』八十七段、一三三〇年頃）

下僕に酒を飲ませるのは、気を付けるべきことである。宇治に住んでおりました男が、京に、具覚房といって、品のいい俗世を遁れた僧に、これが妻の兄弟なので、いつも親しくつきあわせてもらっていた。ある時、［宇治の男が具覚房を］迎えに馬をやったところ、［具覚房のほうで］「遠い道のりである。馬の口取りの男に、まずは一杯飲ませよ」ということで、酒を出したところ、注いでは受け、注いでは受けを繰り返し、どんどん飲んでし

まった。太刀を腰につけて、力強く勇ましかったので、頼もしいと思って連れて行くうちに、酒をどんどん飲み干してゆく様子を「よよ」と言い表わしているのであるが、ここでは、口の端から、酒があふれてよだれのように流れ落ちている、という、ちょっと下品な様子を読むべきなのかもしれない。このような例は、近世にも見出すことができる。

○治《をさま》れる**よゝ**と呑けりとその酒　朝江種寛（『時勢粧《いまようすがた》』一・歌詩文・元日、近世初期）

天下太平に治まっている世の中よ、と機嫌よく、杯からあふれさせるほどに飲んでしまう正月の屠蘇《とそ》の酒であるよ

○僕等《しもべら》の**よゝ**と盛けりねぶか汁（『春泥句集』冬之部・葱、一七七七年）

下僕たちが、ふちからあふれさせるほどに碗に盛った、根深汁であることよ

前の句は、正月の祝いの酒を、杯からこぼしてしまうほどに注いで飲んでいる情景であり、後ろの句は、根深すなわちネギを煮た汁を、たっぷりと汁碗に盛って食べようとする勢いの感

じられる句である。

このように、中古から近世にかけて、「よよ」は、《液体がとめどなく流れ落ちる様子》を表現したオノマトペとして用いられていた。そのうちの、〈よだれ・酒・汁〉の例は、近代になると見当たらなくなるから、近世のうちに衰退してしまったのであろう。

しかし、とにかく、「よよ」は、泣く描写の場合も《液体がとめどなく流れ落ちる様子》をも表わしていたわけであるから、元来は、〈涙がとめどなく流れあふれる様子〉を表わす擬態語であったのだと見ておくほうが妥当だと思われる。

なお、歌の世界には次のようなものも見られる。

○君によりよよよよよよとよよよよとねをのみぞなくよよよよよよと

（『古今和歌六帖』四・二一七五、九七六～九八七年頃）

あなたのせいで、ただひたすらに、とめどなく、涙を流して泣くばかりです

○五月雨の**よよ**となきつつほととぎす袖のひるまもなくぞかなしき

（『敦忠集』四、九三四年頃）

五月雨が降るように涙があふれんばかりに泣いているほととぎすのように、袖に落ちた涙が乾く間もないほど泣き続けて、悲しい思いでおります

これらを見ると、『古今和歌六帖』では、「ねをのみぞなく」とあるから、やはり声をあげて泣いているようにも思えるが、『敦忠集』だと、涙がとめどなくあふれている様子を描写しているようであり、そうすると、やはり、「よよ」は、〈涙のとめどなく流れあふれる様子〉という意味でよいのではないかと思われる。

近代の「よよ」

最後に、近代の「よよ」を確認しておこう。近代になると、「よよ」は、女性限定となり、また、声をあげて泣く様子を表わしている。ここにいたって、「よよ」は、擬態語の意識に加えて、擬音語のようにも意識されるようになったのではないかと考えられる。また、その際、「よよ」は、擬態語としても〈力なく泣き崩れる様子〉を表わすものとして意識されるようになった。その背景には、大きなくくりで《液体がとめどなく流れあふれる様子》を意味した「よよ」がなくなり、そのうちの〈涙〉だけに限定されたことが関わっていよう。

○「のう、お梶どの。そなたは、此の藤十郎の恋を、あはれとは思《おぼ》さぬか。二十年来、堪へ

忍んで来た恋をあはれとは思さぬか。さても、強いお人ぢやのう。」かう云ひながら、藤十郎は、相手の返事を待つた。が、女は**よゝ**と、すゝり泣いて居るばかりであつた。

（菊池寛「藤十郎の恋」十、一九一九年）

○アンガウル島へ燐鉱掘りに狩出されて行く良人を浜に見送る島民の女は、舟の纜《ともづな》に縋《すが》つて**よよ**と泣き崩れる。夫の乗つた舟が水平線の彼方に消えても、彼女は涙に濡れたまま其の場を立ち去らない。誠に松浦佐用姫も斯くやと思はれるばかりである。

（中島敦「南島譚」、一九四二年）

「藤十郎の恋」の「すすり泣く」、「南島譚」の「泣き崩れる」、ともに、現代における「よよ」のイメージともよく共通する。

以上の意味変化をまとめると、次のようになる。

近代以前		**近代以降**
《液体がとめどなく流れ落ちる様子》		
〈涙〉	→	〈力なく泣き崩れる様子、またその時の声〉
〈よだれ・酒・汁〉	→	消滅

第十六節　わくわく――マイナスからプラスの評価へ

気があせって「わくわく」

現代語で、「わくわく」と言えば、〈なにかの期待に胸がふくらみ、気持が高ぶる様子〉のような意味で用いられている。しかし、このような意味になったのは、ごく最近のようである。「わくわく」は、近世から用いられているが、現代における意味とは異なっている。

○いたはしや、耶《や》輪《しゆ》陀《た》羅《ら》女《によ》、若君誕生ましく〳〵て、いまだ対面ましまさねば、せめては会座《ゑざ》につらなり、後世の縁をも結ばんと、羅睺羅《らごら》太子をいざなひて、疾《と》しや遅《をそ》しの道すがら、心**わく〳〵**せきかくる、抜提河《ばつだいが》にぞつき給ふ。

（近松門左衛門『釈迦如来誕生会《たんじようえ》』五、一七一四年頃）

お気の毒なことに、耶輪陀羅女は、若君が誕生なさってから、まだ、父親の釈迦如来と対面なさっていないので、せめても、［釈迦入滅の説法の］集まりの座に連なって、後世の縁をも結びたいと、羅睺羅王子を誘い伴って、いくら急いでも遅いとしか思えない道すがらずっと、気があせって落ち着かず、気が急《せ》きつつも、道の行く手をせきとめる、抜提河に到着なさった。

ここでの「わくわく」は、いくら急いでも、道がなかなかはかどらず、〈気があせって落ち着かない様子〉を表している。釈迦如来に会えるという期待の気持はあるのだろうが、それは、「わくわく」には含まれていない。

このような「わくわく」の意味は、近世末になってもあまり変わらない。

○文「なんのつまらねへ。そんなことをいつて居ずとも、はやく此所《こゝ》を逃《にげ》るのだヨ。うぢ〱して居ると、また捕まるはナ。ヱ、らちのあかねへ。サアおゐらア先へ往ぜ　トせき立られて娘気の、心**わく〱**周章《うろたへ》まはり、これもあれもと風呂敷へ、包むにあまる親の慈悲も、今はその甲斐あらずして、やうやく櫛笥《くしげ》小鏡を、持間おそしとせり立られ、まだあけ方の朧《おぼろ》かげを、たよりに二人ははしり出、花水橋を一さんに、東をさしていそぎつゝ、平井の方《かた》へ落てゆく。

（為永春水『春色英対暖語』二・四回、一八三七年）

文「なにを詰まらないことを言ってるんだ。そんなことを言っていないで、はやくここを逃げるんだよ。ぐずぐず心を決めかねていると、また捕まるだろうよ。ええい、はかどらない。さあ、おいらは先に行くぜ」と急き立てられて、［お柳は］まだ娘の気分で、気持が落ち着かず、あわてふためき、あれもこれもと風呂敷に包もうとするが、包もうとしてもはみ出すのは親の慈悲、しかし今は、親の慈悲の甲斐もなく、やっとのことで櫛箱と小鏡を、持ち出す時間も掛かりすぎると急がされ、まだ明け方でぼんやりした光を頼りに、ふたりは走り出し、花水橋を懸命に渡って東に向かって急ぎながら、平井のほうに逃げていく。

この例もまた、文次郎から一緒に逃げようと促されたお柳《りゅう》が、なかなか踏んぎりがつかず、ぐずぐずしている場面である。お柳は、お勇肌《きゃん》ながらも、歳はまだ十八、九ということであるので、それもまた無理のないことである。逃げるといっても、どういう手順ですればいいのか、よく分からず、慌てまわって、やっとのことで、身のまわりのものを少しだけ風呂敷に包むのである。ここにも、なんの期待の気持も見出すことはできない。

近代の「わくわく」

さて、近代に入っても、「わくわく」は、さきに見た近世の例と変わらないが、これは少し意外なことである。

○さりとも知らぬ母の親はるかに声を懸けて、火のしの火が熾《おこ》りましたぞえ、この美登利《みどり》さんは何を遊んで居る、雨の降るに表へ出ての悪戯《いたずら》は成りませぬ、又此間のやうに風引かうぞと呼立てられるに、はい今行ますと大きく言ひて、其声信如《しんにょ》に聞えしを恥かしく、胸は**わく〳〵**と上気して、何《ど》うでも明けられぬ門の際にさりとも見過しがたき難義をさま〴〵の思案尽して、格子の間より手に持つ裂《き》れを物いはず投げ出《いだ》せば、見ぬやうに見て知らず顔を信如のつくるに、ゑゝ例《いつも》の通りの心根と遣る瀬なき思ひを眼に集めて、少し涙の恨み顔、

（樋口一葉『たけくらべ』十三、一八九六年）

『たけくらべ』終盤の、有名かつ印象的な場面である。信如が、雨のなか下駄の鼻緒を切って困っている。美登利は、助けてやりたいとは思うものの、素直になれずにただ見ているだけであったが、母親から呼ばれて返事をしたことで、自分が門口を隔てたそばにいることを信如に気取られたと思って、一方では恥ずかしく、一方では、もうどうすればよいか分からず心乱れている。思いあまって、美登利は、持っていた布きれを投げつけるのだが、信如は目もくれない。ここの「わくわく」も、なにか期待や希望があるのではなく、ただ、〈気持が乱れて落ち

着かない様子〉を表わしているだけである。

○門野は暗い廊下を引き返して、自分の部屋へ這入つた。静かに聞いてゐると、しばらくして、洋燈《ランプ》の蓋《かさ》をホヤに打《ぶ》つける音がした。門野は灯火《あかり》を点《つ》けたと見えた。

代助は夜の中に猶凝《なほじつ》としてゐた。凝としてゐながら、胸が**わく〳〵**した。握つてゐる肱《ひじ》掛《かけ》に、手から膏《あぶら》が出た。代助は又手を鳴らして門野を呼び出した。門野のぼんやりした白地が又廊下のはづれに現はれた。

（夏目漱石『それから』十六、一九〇九年）

これもまた、意外なことに、夏目漱石も、「わくわく」は、〈期待や希望のために気持が高ぶる様子〉ではなく、単に〈気持が乱れて落ち着かない様子〉で用いている。現代のような「わくわく」は、大正時代のころから見出せるようになり、そして、だんだん優勢になっていくようである。

○台所口に格子の小窓がついてゐて、そこに黒い濃い束髪が動いてゐるのを見たとき、疑ひもなく彼女であることを知つた。私は胸が**わくわく**するのと、音を立てないで通りに立つて居るのとで、膝がしらがぶるぶる震へるのを、おさへるやうにしてゐたが、砂利に下駄が食ひ込んでがりがりと音を立ててしまつたので、はつと汗をかいた。そのとき、彼女はふいと小窓から通りを見て、私の立つてゐるのを見ると何だか顔色をかへたやうに思はれた。

（室生犀星「性に眼覚める頃」、一九一八年）

○私はお父さんに、二升の米と、半分になつた朝日と、うどんの袋をもたせると、汗ばんでしつとりとしてゐる十円札を一枚出して父にわたした。

「もらつてえ、かの？……」

お父さんは子供のやうに**わくわく**してゐる。

（林芙美子『放浪記』三白草《どくだみ》の花、一九三〇年）

○　彼らは風下でないから、心配はないといつてゐた。火の粉が飛んできたら、もみ消してしまふんだといつて、彼らはバケツや棒を持つて、屋根へあがつて行つた。半分は火事見物のつもりらしい。

吾一もついて行かうかと思つたが、屋根は苦手なので、彼は下に残つてゐた。しかし、何をしていゝか、ただ**わく〳〵**するばかりで、あつちへ行つたり、こつちへ行つたり、まご〳〵してゐた。

（山本有三『路傍の石』二、一九三七年）

○こうして歩いているうちに、ビルマ語もかなりらくに話せるようになり、また一とおり坊さんらしいこともできるようになっていました。

ムドンの町に入るときには胸が**わくわく**していました。町のはずれの森の中で、一人のビルマ人に出あったので、私は町の様子をききました。この人は木をきって、五羽の鸚哥《インコ》をつかまえたところで、私にその中のいちばん青い一匹をくれました。こののち私はいつもこれをつれてあるきました。この手紙と一しょにお届けしたのがそれです。

（竹山道雄「ビルマの竪琴」六、一九四七年）

「性に眼覚める頃」の例は、〈期待や希望〉の意味と言ってよいだろう。『放浪記』「ビルマの竪琴」も同様である。しかし、『路傍の石』の「わくわく」は、あとのところに「まごまごしていた」とあるように、ただ、気が落ち着かないでいるというほうの意味である。〈期待や希望〉の意味のほうが優勢になっているとはいえ、古い用法も、まだ残存しているのである。

以上をまとめると、次の図のようになる。

	近世		**近代**
わくわく	〈気持ちが乱れて落ち着かない様子〉	→	〈期待で気持ちが高ぶる様子〉

【参考・引用文献一覧】

引用文献ならびに参考文献は、以下のものに拠った。なお、読解の便宜のために、表記を改めた場合がある。また、同じ作品・資料であっても、底本が異なるとオノマトペの有無に異同があるので、異なる叢書・大系等を用いている場合がある。

［古典文学叢書・大系］

○岩波文庫（岩波書店）／『大蔵虎寛本能狂言』『春色英対暖語』『誹風柳多留』

○古典俳文学大系（集英社）／『あなうれし』『時勢粧』『大坂独吟集』『きれぎれ』『句稿』（蕪村）『春泥句集』『しら雄句集』『七柏集』『七番日記』（一茶）『続境海草』『続山井』『塵塚誹諧集』『西山宗因千句』『俳諧古選』『俳諧新選』『八番日記』（一茶）『文化句帖補遺』（一茶）『文政版句集』（一茶）『物いふも』『類柑子』

○雑俳集成（東洋書院）／『卯の花かつら』

○抄物資料集成（清文堂出版）／『史記抄』

○新日本古典文学大系（岩波書店）／『金葉和歌集 詞花和歌集』『枕草子』

○新編国歌大観（角川書店）／『敦忠集』『古今和歌六帖』

○新編日本古典文学全集（小学館）／『浮世親仁形気』『うつほ物語』『大鏡』（旧近衛家本）『蜻蛉日記』『源氏物語』『好色敗毒散』『古今和歌集』『古事記』『十訓抄』『新古今和歌集』『曾我物語』『太平記』（大正本）『徒然草』『春告鳥』『大和物語』

○近松全集（岩波書店）／『団扇曽我』『釈迦如来誕生会』『せみ丸』『曽我会稽山』

○定本西鶴全集（中央公論社）／『凱陣八嶋』

○日本古典文学大系（岩波書店）／『浮世風呂』『宇治拾遺物語』『大鏡』（東松本）『落窪物語・提中納言物語』『女殺油地獄』『仮名手本忠臣蔵』『義経記』『愚管抄』『傾城禁短気』『源平布引滝』『好色一代女』『好色万金丹』『嫗山姥』『春色梅児誉美』『梅暦余興春色辰巳園』『心学早染艸』『心中天の網島』『神霊矢口渡』『曽根崎心中』『太平記』（慶長古活字本）『東海道中膝栗毛』『日本永代蔵』『福冨長者物語』（御伽草子）『平家物語』（覚一本）『堀川波鼓』『萬葉集』『名歌徳三舛玉垣』

○日本思想大系（岩波書店）31／『敬斎箴講義』

○噺本大系（東京堂出版）／『落噺千里藪』『聞上手 二篇』『新噺庚申講』『東海道中滑稽譚』『当世手打笑』『臍煎茶呑噺』

○未刊雑俳資料（鈴木勝忠）／『すがたなぞ』

○遊女評判記（八木書店）／『風流廓中美人集』

［古典文学・語学単行本］

○『色葉字類抄　研究並びに索引』（中田祝夫・峯岸明編、一九六四年、風間書房）
○『延慶本　平家物語』（北原保雄・小川栄一編、一九九〇年、勉誠出版）
○『応永二十七年本論語抄』（中田祝夫編、一九七六年、勉誠出版）
○『大蔵虎明本狂言集の研究　本文篇』（池田廣司・北原保雄著、一九七二〜八三年、表現社）
○『完本　色道大鏡』（藤本箕山撰、野間光辰編著、一九六一年、友山文庫）
○『「言塵集」―本文と研究―』（荒木尚編著、二〇〇八年、汲古書院）
○『古辞書国抄物　韻府群玉・玉塵抄』（大友信一・近思文庫古辞書研究会編、一九九八〜九九年、大空社）
○『詞葉新雅　影印本文・翻字本文・雅言索引』（木村晟編、一九九七年、大空社）
○『七偏人：妙竹林話』（梅亭金鵞著、一八八八年、聚栄堂）
○『世話尽』（大友信一・木村晟・片山晴賢編、二〇〇一年、港の人）
○『対釈新撰万葉集』（半澤幹一・津田潔著、二〇一五年、勉誠出版）
○『美国　平文先生編訳　復刻版 和英語林集成』（木村一解題、二〇一二年、雄松堂書店）
○『邦訳 日葡辞書』（土井忠生・森田武・長南実編訳、一九八〇年、岩波書店）
○『名語記』（経尊著、田山方南校閲・北野克写、一九八三年、勉誠社）
○『俚言集覧』（近藤瓶城編、一八九九〜一九〇〇年、皇典講究所印刷部）
○『和英語林集成　初版・再版・三版対照総索引』（ヘボン著、飛田良文・李漢燮編、二〇〇〇年、港の人）
○『和名類聚抄古写本・声点本本文および索引』（馬淵和夫著、一九七三年、風間書房）

［近代全集］

○芥川龍之介全集（岩波書店）／「飯田蛇笏」「トロッコ」
○有島武郎全集（新潮社）／『或る女』「一房の葡萄」
○石川啄木全集（筑摩書房）／「悲しき玩具」
○茨城近代文学選集（常陽新聞社）／「旱天実景」（下村千秋）

○海野十三全集（三一書房）／「海底都市」
○尾崎士郎、石川達三、火野葦平集（筑摩書房）／「糞尿譚」（火野葦平）
○鷗外全集（岩波書店）／「護持院原の敵討」「山椒大夫」「心中」「青年」「独身」
○織田作之助全集（講談社）／「雨」
○葛西善蔵全集（津軽書房）／「子をつれて」
○梶井基次郎全集（筑摩書房）／「檸檬」
○唐木順三・保田與重郎・亀井勝一郎・竹山道雄・加藤周一・佐伯彰一・篠田一士・大岡信・山崎正和（小学館）／「ビルマの竪琴」（竹山道雄）
○菊池寛 1888–1948（筑摩書房）／「藤十郎の恋」
○鏡花全集（岩波書店）／「婦系図」
○国枝史郎伝奇全集（未知谷）／「娘煙術師」
○小林多喜二全集（新日本出版社）／「蟹工船」「一九二八年三月十五日」
○坂口安吾全集（筑摩書房）／「決戦川中島」
○三遊亭円朝全集（岩波書店）／「真景累が淵」「闇夜の梅」
○新編中原中也全集（角川書店）／「在りし日の歌」
○漱石全集（岩波書店）／「永日小品」「硝子戸の中」「草枕」『虞美人草』『行人』「坑夫」「それから」「二百十日」「野分」「夢十夜」「倫敦塔」
○決定版太宰治全集（筑摩書房）／「魚服記」「グッド・バイ」「女生徒」「津軽」「如是我聞」
○現代文学大系第10 田山花袋集（筑摩書房）／「一兵卒」
○定本横光利一全集（河出書房新社）／「夜の靴」
○藤村全集（筑摩書房）／「家」
○中島敦全集（筑摩書房）／「南島譚」
○長塚節全集（春陽堂書店）／『土』
○萩原朔太郎全集（筑摩書房）／「月に吠える」
○林芙美子全集（文泉堂）／『放浪記』
○樋口一葉全集（筑摩書房）／「たけくらべ」
○福永武彦全集（新潮社）／「草の花」
○二葉亭四迷全集（筑摩書房）／「平凡」
○宮沢賢治全集（筑摩書房）／「風の又三郎」「銀河鉄道の夜」「なめとこ山の熊」「よだかの星」
○宮本百合子全集（新日本出版社）／「小祝の一家」「千世子」「長崎の印象」「伸子」
○室生犀星全集（新潮社）／「性に目覚める頃」「幼年時代」
○山本有三全集定本版（新潮社）／『路傍の石』
○吉川英治全集（講談社）／「八寒道中」
○蘆花全集（蘆花全集刊行会）／『みみずのたはこと』

あとがき

本書は、当初の計画では、もっと語数を多くして、辞書の用例が少し長く詳しくなったようなものを付した簡便なイメージを考えていた。それが、書いていくうちに、意味の変化の経緯を説明しようとすると、どんどん詳しくなってしまい、結局、このようなかたちになった。語数は、当初の予定のたぶん三分の一ぐらいになっているが、その分、各項目は読みごたえのあるものとなっているのではないかとも思う。

また、古文の用例には現代語訳を付して、読者の理解を助けつつ、オノマトペを入り口として古文に親しんでもらえるような内容にしたいとも考えた。古文など昔の言葉で（それは、その通りだが）、読んでも分からないし、読んでもつまらないなどということはないと思ってもらえるようにしたかった。その時に、オノマトペという、直感に訴えてくるような語を介して、それにまつわる物語を味わってもらいたいと願った。それらの意図が伝わっているかは、あとは読者の判断にまかせるしかない。

今回、オノマトペの意味変化を扱ってみて、オノマトペ、ひいては意味変化というものが、実に魅力的で面白いものだという思いを新たにした。そして、その調査・考察がいかに難しいかということも改めてよく分かった。そしてまた、これほど多くの代表的な日本文学の作品中にオノマトペが用いられているのだということもよく分かった。

本書の企画にあたっては、株式会社KADOKAWAの文芸・ノンフィクション局の担当である麻田江里子氏にたいへんお世話になった。誰もが、本のあとがきには、編集担当のひとがいなければ、この本は出せなかったということを書くが、それは、かたちだけの文言ではなく、本当の本音である。同氏の辛抱強くかつ強力なサポートがなければ、本書は完成しなかったであろう。

また、本書の内容について、埼玉県深谷市で入江明氏が運営している「入江アカデミア」（ててて塾）で、二〇一四年に「日本語わきあいあい」と題してお話をさせていただく機会を得たことも貴重な経験であった。ここには、深谷市を中心に在住する社会人のかたがたが集って勉強をしている。そういう、普段接している学生ではなく、いわば大人たちに向けた話をすることで、伝えかたなどを、さらに工夫する必要があることを学ぶことができた。麻田さんも、何度も足を運んでくださった。ここでお話をする機会を直接にもたらしてくれた田貝栄重氏にも感謝したい。

なお、オノマトペの用例の検索に当たっては、『日本国語大辞典』第二版、各種索引、検索サイト（特に、JapanKnowledge、日本文学Ｗｅｂ図書館）、青空文庫、国文学研究資料館（大系本文データベース）等を利用させていただいた（ただし、用例は原典にもどって確認した）。これもまた、記して感謝したい。

小野正弘（おの・まさひろ）
明治大学文学部教授。1958年岩手県一関市生まれ。東北大学大学院文学研究科国語学専攻所要単位取得済中途退学。専門は国語史（語彙・文字）。鶴見大学文学部教授を経て、現職。著書に『オノマトペがあるから日本語は楽しい』（平凡社新書）、『オノマトペと詩歌のすてきな関係』（NHK出版）、『日本語オノマトペ辞典』（小学館）などがある。

角川選書 561

感《かん》じる言葉《ことば》 オノマトペ

平成27年8月25日　初版発行
令和6年4月30日　3版発行

著　者／小野正弘《おのまさひろ》

発行者／山下直久

発　行／株式会社KADOKAWA
〒102-8177　東京都千代田区富士見2-13-3
電話 0570-002-301（ナビダイヤル）

印刷所／株式会社KADOKAWA

製本所／株式会社KADOKAWA

装　丁／片岡忠彦　　帯デザイン／Zapp!

●お問い合わせ
https://www.kadokawa.co.jp/（「お問い合わせ」へお進みください）
※内容によっては、お答えできない場合があります。
※サポートは日本国内のみとさせていただきます。
※Japanese text only

定価はカバーに表示してあります。

ISBN 978-4-04-703561-4 C0381

◆◇◇

角川選書

この書物を愛する人たちに

詩人科学者寺田寅彦は、銀座通りに林立する高層建築をたとえて「銀座アルプス」と呼んだ。
戦後日本の経済力は、どの都市にも「銀座アルプス」を造成した。
アルプスのなかに書店を求めて、立ち寄ると、高山植物が美しく花ひらくように、
書物が飾られている。

印刷技術の発達もあって、書物は美しく化粧され、通りすがりの人々の眼をひきつけている。
しかし、流行を追っての刊行物は、どれも類型的で、個性がない。
歴史という時間の厚みのなかで、流動する時代のすがたや、不易な生命をみつめてきた先輩たちの発言がある。
また静かに明日を語ろうとする現代人の科白がある。これらも、
銀座アルプスのお花畑のなかでは、雑草のようにまぎれ、人知れず開花するしかないのだろうか。
マス・セールの呼び声で、多量に売り出される書物群のなかにあって、
選ばれた時代の英知の書は、ささやかな「座」を占めることは不可能なのだろうか。
マス・セールの時勢に逆行する少数な刊行物であっても、この書物は耳を傾ける人々には、
飽くことなく語りつづけてくれるだろう。私はそういう書物をつぎつぎと発刊したい。
真に書物を愛する読者や、書店の人々の手で、こうした書物はどのように成育し、開花することだろうか。
私のひそかな祈りである。「一粒の麦もし死なずば」という言葉のように、
こうした書物を、銀座アルプスのお花畑のなかで、一雑草であらしめたくない。

一九六八年九月一日　角川源義

戦国大名・伊勢宗瑞

黒田基樹

近年人物像が大きく書き換えられた伊勢宗瑞。北条氏研究の第一人者が、最新の研究成果をもとに、新しい政治権力となる戦国大名がいかにして構築されたのかを明らかにしつつ、その全体像を描く初の本格評伝。

624

978-4-04-703683-3

新版　古代史の基礎知識

編　吉村武彦

歴史の流れを重視し、考古学や歴史学の最新研究成果を取り入れ、古代史の理解に必要な重要事項を配置。新聞紙上をにぎわしたトピックをはじめ、歴史学界で話題の論争も積極的に取り上げて平易に解説する。

643

978-4-04-703672-7

シリーズ世界の思想

マルクス　資本論

佐々木隆治

経済の停滞、政治の空洞化……資本主義が大きな転換点を迎えている今、マルクスのテキストに立ち返りこの世界の仕組みを解き明かす。原文の抜粋と丁寧な解説で読む、画期的な『資本論』入門書。

1001

978-4-04-703628-4

シリーズ世界の思想

プラトン　ソクラテスの弁明

岸見一郎

古代ギリシア哲学の白眉ともいえる『ソクラテスの弁明』の全文を新訳とわかりやすい新解説で読み解く。誰よりも正義の人であったソクラテスが裁判で何を語ったかを伝えることで、彼の生き方を明らかにする。

1002

978-4-04-703636-9

密談の戦後史
塩田 潮

次期首相の座をめぐる裏工作から政界再編の秘密裏交渉まで、歴史の転換点で行われたのが密談である。憲法九条誕生から安倍晋三再擁立まで、政治を変える決定的な役割を担った密談を通して知られざる戦後史をたどる。

601

978-4-04-703619-2

今川氏滅亡
大石泰史

駿河、遠江、三河に君臨した大大名・今川氏は、なぜあれほど脆く崩れ去ったのか。国衆の離叛や「家中」弱体化の動向等を、最新研究から丹念に検証。桶狭間敗北や氏真に仮託されてきた亡国の実像を明らかにする。

604

978-4-04-703633-8

古典歳時記
吉海直人

日本人は自然に寄り添い、時季を楽しんできた。旬の食べ物、花や野鳥、気候や年中行事……暮らしに根ざすテーマを厳選し、時事的な話題・歴史的な出来事を入り口に、四季折々の言葉の語源と意味を解き明かす。

606

978-4-04-703657-4

エドゥアール・マネ
西洋絵画史の革命
三浦 篤

一九世紀の画家、マネ。伝統絵画のイメージを自由に再構成するその手法は、現代アートにも引き継がれる絵画史の革命だった。模倣と借用によって創造し、古典と前衛の対立を超えてしまう画家の魅力に迫る。

607

978-4-04-703581-2